Plätzchen und Konfekt

Kochen – köstlich
wie noch nie

Plätzchen und Konfekt

Höhepunkte der süßen Bäckerei: feines Teegebäck, Mini-Patisserie, traditionelles Weihnachtsgebäck und köstliches Konfekt

Das große GU Bild-Backbuch
mit den besten Rezept-Ideen von
Cornelia Adam, Elke Alsen, Dagmar von Cramm,
Marey Kurz, Hannelore Mähl-Strenge,
Annedore Meineke, Veronika Müller, Bernd Schiansky,
Brigitta Stuber und Annette Wolter,
herausgegeben von

Annette Wolter

Die Farbbilder gestalteten

Susi und Pete A. Eising

GU

Gräfe und Unzer

Das finden Sie in diesem Buch

Über dieses Buch

Tips für die Praxis

Tips fürs leichte Gelingen

So gelingen Pralinen und Konfekt

Mini-Patisserie

Feines Teegebäck

Weihnachtsgebäck aus aller Welt

Seite 68–103

Köstliches Konfekt

Seite 104–131

Wichtige Zutaten für Plätzchen und Konfekt

Seite 132–133

Hilfreich für den letzten Schliff

Seite 134–135

Der Inhalt des Buches von A bis Z

Seite 136–138

Über dieses Buch

Plätzchen und Konfekt – das sind die feinen Glanzlichter, das ganz Besondere zum Verwöhnen. Sie sind beliebt zum Mokka nach einem festlichen Menü, sie steigern den Genuß von aromatischem Tee, sind immer richtig, wenn Sie mit Selbstgemachtem Sympathie beweisen möchten. Und je kleiner diese Luxus-Gebilde sind, desto verführerischer muten sie an. Schon beim ersten Blättern im vorliegenden Bild-Backbuch mit den brillanten, exklusiv gestalteten Farbbildern werden Sie Plätzchen entdecken, die Sie am liebsten sofort genießen möchten, Pralinen, denen so leicht niemand widerstehen kann. Zum Genießen, Zugreifen und Anbieten sind sie auch gedacht, diese läßlichen süßen »Sünden«. Damit der Vorrat davon niemals erschöpft sein möge und stets auch eine reiche Auswahl biete, haben die Autoren dieses Buches ihre raffiniertesten Rezepte preisgegeben und auch alle Tips verraten, die das Gelingen leicht machen.

Um Sie zu ermutigen, die kleinen Köstlichkeiten in ebensolcher Perfektion wie auf den Bildern zu gestalten, ist gleich auf den ersten Seiten in anschaulichen Schritt-für-Schritt-Aufnahmen alles genau dargestellt, was nicht zur selbstverständlichen Backroutine gehört: beispielsweise der richtige Umgang mit Marzipan, tiefgefrorenem Blätterteig, Mandeln oder Nüssen, wie Makronenmasse, Zuckersirup oder weißer Krokant entsteht, wie mit Holzmodeln gebacken wird. Auch das Rühren der feinen Glasuren für Konfekt, das Zubereiten von Trüffelpralinen und kandierten Früchten werden erklärt.

Die vier Rezeptkapitel bringen eine Vielfalt von verschiedenstem Kleingebäck. Sie können Ihre Favoriten wählen unter mürben Keksen, winzigen gefüllten Törtchen, glasierten Spezialitäten, Kreationen mit Mandeln, Marzipan oder Schokolade. Im ersten Kapitel finden Sie Fantasievolles aus der »Mini-Patisserie« von Bethmännchen über Cashew-Hörnchen, Honigmandeln, Karamel-Florentinern bis zu den zauberhaften Petits fours. Alles ist als Kleinstdessert geeignet, als Aufmerksamkeit zur kurzen Kaffeepause, als süßer Abschluß eines langen Abends.

Das nächste Kapitel ist dem Teegebäck gewidmet. Natürlich sind die klassischen englischen »Biscuits« vertreten, Katzenzungen, Madeleines, verschiedene Makrönchen sowie Gebäck aus Blätterteig. Den beliebten Weihnachtsplätzchen gehört natürlich ein eigenes Kapitel. Hier gibt es eine Fülle von Plätzchen mit Tradition – von Anisplätzchen bis zu Zimtsternen. Dazu Lebkuchen, Pfeffernüsse, eßbare Figürchen für den Weihnachtsbaum, Spezialitäten anderer Länder wie Norwegische Weihnachtsringe, Schwedische Julkuchen, Polnische Marzipanrauten, Spanische Zimtkugeln, Linzer Kranzerl oder Schweizer Chräbeli. Und im letzten Kapitel »Köstliches Konfekt« präsentiert sich dann die bunte Praliné-Parade mit Mozartkugeln, Quittenkonfekt, Pfefferminztalern, edlen Trüffeln, Nougatvarianten und vielem mehr.

Die Auswahl all dieser Rezepte war ein langes Puzzlespiel. Immer wieder wurde bereits Ausgewähltes durch noch verlockendere, noch delikatere Erfindungen verdrängt. Dabei haben wir auch an alle gedacht, die sich bewußt ernähren, und die Kapitel mit einer großen Anzahl von Vollwertrezepten angereichert. Auf synthetische Aromastoffe wurde immer verzichtet. So gibt es keinen Vanillinzucker, nur echten Vanillezucker. Vieles wurde mit Honig oder Zuckerrohrgranulat gesüßt, mit Früchten aller Art und erlesenen Gewürzen aromatisiert.

Die Rezepte sind unkompliziert beschrieben und gelingen auch Ungeübten problemlos. Natürlich wurden sie auch gründlich getestet. Die rot gedruckten Hinweise in den Rezepten signalisieren, ob ein Gebäck leicht gelingt oder etwas Fingerspitzengefühl erfordert, ob es zeitaufwendig ist, etwas teurer, eine Spezialität oder ein Vollwertrezept. Die Angaben für die Vorbereitungs- und Backzeiten, sowie die Zeit zum Fertigstellen ermöglichen eine sinnvolle Planung. Außerdem sind alle Rezepte aufgeschlüsselt nach ihrem Energiegehalt – Kilojoule/Kilokalorien – und den Nährwerten Eiweiß, Fett und Kohlenhydrate. Wichtig für alle, die wissen möchten, was sie zu sich nehmen.

Manche der verwendeten Zutaten sind nicht allgemein bekannt, weil sie nur selten gebraucht werden oder weil sie erst in jüngster Zeit auf den Markt kamen. Auf den bebilderten warenkundlichen Seiten im Anschluß an die Rezeptkapitel werden sie genau beschrieben. Dort finden Sie auch Geräte abgebildet und erklärt, die für die Feinarbeiten beim Herstellen von Pralinen und beim Verzieren eine große Hilfe sind. Schließlich dient das ausführliche Rezept- und Sachregister dem raschen Auffinden der einzelnen Rezepte.

Es versteht sich von selbst, daß alle Backergebnisse und die der Konfiserie auch auf Farbbildern gezeigt werden. So entfällt die Qual der Wahl, denn was spontan »ins Auge springt«, das ist bestimmt das Richtige. Mit etwas Geduld und Liebe zum Detail werden Sie ebenso zauberhafte Plätzchen und Pralinen zubereiten, wie sie auf den Bildern in diesem Buch zu sehen sind.

Gutes Gelingen und dazu viel Spaß beim Backen und Probieren wünschen Ihnen

Ihre
Annette Wolter
und alle Mitarbeiter

Übrigens, die Abkürzungen kJ und kcal in den Rezepten bedeuten Kilojoule und Kilokalorien.

Tips für die Praxis

Plätzchen und Konfekt gibt es in den wenigsten Familien jeden Tag, meist sind sie besonderen Gelegenheiten vorbehalten. So genießen Kinder, aber auch viele Erwachsene die Vorweihnachtszeit nicht zuletzt wegen der verführerischen Düfte nach würzigem Backwerk, von dem die ersten Kostproben oft zum Köstlichsten gehören. Doch ist die Lust auf Süßes aus der eigenen Küche nicht auf die Weihnachtszeit beschränkt. Zum Tee am späteren Nachmittag schätzt man kleines Gebäck besonderer Art ebenso wie zur Kaffeerunde. Viele Törtchen der Mini-Patisserie und Pralinen schließen mit einer Tasse Mokka auch ein Menü festlich ab. Außerdem sind Törtchen, Plätzchen und Pralinen, fantasievoll verpackt, reizvolle Geschenke.

Natürlich ist das Herstellen dieser kleinen Köstlichkeiten zeitaufwendig. Sie erfordern heitere Ausgeglichenheit, Geduld und Freude an präziser Kleinarbeit. Die Ergebnisse entschädigen für die aufgewandte Mühe. Fantasiebegabte haben noch dazu den Spaß, daß beim Plätzchenbacken und beim Herstellen von Konfekt Kreativität gefragt ist. Eigene Erfindungen beim Verzieren, beim Aromatisieren und beim Kombinieren ergeben oft verblüffende Varianten des Ausgangsrezeptes und zugleich eine »hauseigene« Spezialität.

Gut verschließbare Blechdosen, ersatzweise auch Gläser mit Schraubverschlüssen, eignen sich als Vorratsbehälter für Plätzchen und Konfekt. Dosen oder Gläser heiß ausspülen, gut trocknen lassen und Dosen mit Pergamentpapier auslegen. Trockenes Gebäck hält sich darin 2 bis 8 Wochen; fettreiches Gebäck in den Kühlschrank stellen. Verziertes Gebäck schichtet man lagenweise zwischen Pergamentpapier in die Dose, damit es auch nach dem Lagern noch so appetitlich aussieht wie nach dem Fertigstellen. Honig- und Pfefferkuchenplätzchen brauchen sogar eine 3- bis 4-wöchige Lagerung in der Dose, um ihr volles Aroma entfalten zu können. Bleiben Plätzchen auch während des Lagerns hart, so gibt man einige Tage vor dem Verzehr ein bis zwei Apfelspalten auf Pergamentpapier in die Dose oder legt den Deckel innen mit einem leicht in Rum getränkten Tüchlein aus. Blätterteig- und Brandteiggebäck schmeckt am besten ganz frisch nach dem Backen. Eiweißplätzchen, Makronen, Marzipanmischungen und Konfekt halten sich gut 2 Wochen frisch, Konfekt sehr kühl aufbewahren.

Je kleiner Plätzchen und Pralinen geraten, desto reizvoller wirken sie. Ein Plätzchen, fast so dünn wie eine Münze und nicht viel größer als ein 5-Markstück, verursacht kaum Gewissenbisse hinsichtlich der Gewichtsprobleme und wird auch noch nach einer beendeten Mahlzeit gerne als kulinarisches »Spitzlicht« genossen. Allerdings bietet der Handel als kleinste Formen nur die mit einem Durchmesser von 4 cm an. Wer kleineres Gebäck wünscht, muß die Formen selbst aus extrastarker Alufolie herstellen. Das gelingt leicht, indem man die Folie mit Hilfe von Flaschen-Schraubverschlüssen, kleinen Gläsern oder Fadenspulen entsprechend formt. Die Ränder der selbsthergestellten Förmchen glattschneiden, die Förmchen innen mit Fett ausstreichen und wie Metall- oder Papierbackförmchen benützen.

Am besten schmecken solche Plätzchen, deren Mehlanteil im Verhältnis zu allen anderen Zutaten gering ist. Für Plätzchen mit verschiedenen Formen muß der Teig aber oft mehrfach ausgerollt werden. Hierfür die Arbeitsfläche leicht mit Mehl oder Puderzucker bestäuben und das Rollholz rundherum in Mehl tauchen, damit der Teig beim Ausrollen weder an der Arbeitsfläche noch am Rollholz kleben bleibt. Bei fettreichen Teigen während des Ausrollens öfter mit der flachen Hand unter die Teigplatte fahren, wenn nötig, den Teig von der Arbeitsfläche lösen und eventuell noch etwas Mehl darunter stäuben. Nach dem Ausstechen der ersten Partie die Teigreste locker mit frischem Teig für die nächste Partie zusammenkneten und erneut ausrollen. Den Teig stets nur unter sanftem Druck dehnen. Immer darauf achten, daß bei allen Vorgängen nicht zu viel Mehl in den Teig gelangt.

Wenn im Rezept nicht anders angegeben, werden Plätzchen und anderes flaches Gebäck auf der mittleren Schiene des Backofens gebacken. Ein Garprobe ist nicht nötig, die goldbraune Farbe zeigt an, wann das Gebäck gar ist. Bräunen Plätzchen allerdings zu rasch, so deckt man sie nach gut der Hälfte der angegebenen Backzeit mit Pergamentpapier ab.

In den Rezepten dieses Buches sind die erprobten Backtemperaturen in Graden angegeben. Bei kleinem Gebäck mit kurzer Garzeit muß man elektrische Backöfen 10 bis 15 Minuten vorheizen. Gasbacköfen und Umluft-/Heißluftherde brauchen nur 3 bis 5 Minuten, um die gewünschte Temperatur zu erreichen, ganz moderne Elektroherde brauchen für diesen Vorgang nur wenige Sekunden. Es ist aber wichtig, sich nach der speziellen Gebrauchsvorschrift des Herstellers seines Herdes zu richten. Die von uns erprobten und empfohlenen Backtemperaturen und -zeiten müssen auf die Backleistungen jedes einzelnen Herdes abgestimmt werden. Außerdem erhitzt mancher Herd beispielsweise den rückwärtig gelegenen Teil des Backraums stärker als den zur Tür gelegenen. In diesem Fall müßte das Backblech nach gut der Hälfte der Backzeit horizontal um 180° gedreht werden. Damit das Umrechnen der angegebenen Temperaturen auf den Heißluftherd und den Gasbackofen unproblematisch wird, hier eine kleine Tabelle:

Elektroherd	Gasherd (Stufe)	Heißluftherd
90–110°	½-1	80°
110–180°	1–2	90–140°
180–200°	2–3	140–160°
200–220°	3–4	155°
220–250°	4–5	155–175°

Tips fürs leichte Gelingen

Tiefgefrorener Blätterteig

Seit es Blätterteig in hervorragender Qualität tiefgefroren zu kaufen gibt, wird er nur ausnahmsweise in zeitaufwendiger Mühe selbst hergestellt. Tiefgefroren kann man ihn in Packungen zu 450 g und zu 300 g kaufen; in jedem Fall ist die Menge in 5 Platten aufgeteilt, die man unverpackt nebeneinander liegend bei Raumtemperatur auftauen läßt. Das dauert 10 bis 15 Minuten.

Blätterteig auf einer leicht bemehlten Arbeitsfläche stets von unten nach oben und von links nach rechts unter sanftem Druck mit dem Wellholz zur gewünschten Größe ausrollen. Das zweiseitige Dehnen verhindert, daß das Gebäck sich beim Backen verformt.

Makronenmasse

Makronenmasse besteht aus Eischnee, Zucker und Mandeln, Nüssen, gewürfelten Trockenfrüchten oder Schokolade. Natürlich gibt es viele Spielarten für das Herstellen von Makronen. Oft wird auch Marzipan-Rohmasse mit verarbeitet. Makronen werden meist auf Oblaten gebakken, damit sie sich unbeschädigt vom Blech lösen. Mit einem Spatel kann man sie aber auch gut von einem mit Butter bestrichenen oder mit Backpapier ausgelegten Backblech heben.

Zunächst die Eiweiße zu steifem Schnee schlagen, den Zucker nach und nach einrieseln lassen und weiterschlagen, bis der Eischnee glänzt und schnittfest ist.

Marzipan herstellen

Marzipan ist aus der feinen Patisserie nicht wegzudenken. Am einfachsten kauft man es als fertige Marzipan-Rohmasse. Doch für besondere Ansprüche und für die Vollwertküche wird es selbst hergestellt. Dabei kann es gleichzeitig raffiniert variiert und aromatisiert werden. So läßt sich Marzipan statt mit Mandeln auch mit Nüssen und für die Vollwertküche mit Honig oder Zuckerrohrgranulat zubereiten.

Die Mandeln mit der gleichen Menge gesiebtem Puderzucker und 2 bis 3 Eßlöffeln Rosenwasser zu einer geschmeidigen Masse verkneten, jedoch nicht zu lange, da das Marzipan sonst klebrig wird. Die Hände dabei mehrmals in Puderzucker tauchen.

Marzipan-Konfekt

Marzipan kann mit beliebigen Aromastoffen angereichert und für feine Pralinen auch gefärbt werden. Unkompliziert färbt man mit den zugelassenen Lebensmittelfarben oder mit natürlichen Farbstoffen, die eventuell zugleich etwas Geschmack geben. Dunkles Marzipan erhalten Sie durch Zugabe von Kakaopulver oder starkem Mokka-Extrakt, rosa bis rot färbt der Saft von roten Beten, gelb Safran und grün konzentrierter Spinatsaft, der geschmacklich nicht stört.

Für Vollwert-Marzipan drei Teile Honig im Wasserbad erhitzen, mit vier Teilen mehlfein gemahlenen Mandeln (bittere Mandeln weglassen) und dem Rosenwasser verrühren.

Alle Formen aus Blätterteig mit einem sehr scharfen und dünnen Messer oder mit entsprechenden Ausstechern herstellen. Wenn die Ränder zusammengedrückt werden, kann das Gebäck nicht gleichmäßig aufgehen. Schnittkanten niemals mit Eiweiß oder Glasur bestreichen, auch dies würde das Aufgehen verhindern.

Teigreste locker übereinanderlegen, leicht zusammendrücken und erneut ausrollen. Die Plätzchen auf ein kalt abgespültes Backblech/ausgespülte Förmchen legen und vor dem Backen etwa 10 Minuten möglichst kühl ruhen lassen.

Die abgezogenen, gemahlenen oder gehackten Mandeln und/oder die im Rezept noch angegebenen und entsprechend vorbereiteten Zutaten locker mit einem Rührlöffel unter den Eischnee heben.

Mit zwei feuchten Teelöffeln kleine Häufchen auf das Backblech oder die Oblaten setzen. Dabei genügend Abstand zwischen den Häufchen lassen, denn diese werden beim Backen breiter. Die Makronen bei 190° in etwa 12 Minuten auf der mittleren Schiene des Backofens backen.

300 g abgezogene, süße Mandeln und 3 abgezogene, bittere Mandeln zweimal durch die Mandelmühle drehen oder im Mixer mehlfein zerkleinern.

Das Marzipan auf einer mit Puderzucker bestäubten Arbeitsfläche und mit einem in Puderzucker getauchten Wellholz zur gewünschten Größe und Stärke ausrollen und nach Rezept weiter verarbeiten.

Den Marzipanblock in so viele gleich große Stücke teilen wie gebraucht werden. In jedes Stück eine kleine Vertiefung drücken, die Farbessenz hineingeben und unterkneten.

Das gefärbte Marzipan ausrollen, die verschiedenfarbigen Platten aufeinanderlegen und daraus die gewünschten Förmchen schneiden. Die Pralinen nach Belieben mit Kuvertüre oder Zuckerglasur überziehen und verzieren.

Tips fürs leichte Gelingen

Schwarzweiße Spiralen

Für Schwarzweißgebäck wird ein Teil des Mürbeteigs mit Kakaopulver oder/und geriebener Schokolade dunkel gefärbt. Heller und dunkler Teig ergeben dann Plätzchen mit raffiniertem Muster. Am leichtesten gelingen die schwarzweißen Spiralen.

Den hellen und den dunklen Teig auf einer leicht bemehlten Arbeitsfläche gleich dünn ausrollen und beide Teigplatten dünn mit leicht verquirltem Eiweiß bestreichen.

Schwarzweißes Schachbrett

Derselbe Mürbeteig wird in zwei Portionen geteilt und eine davon wie oben beschrieben dunkel gefärbt. Beide Portionen in Klarsichtfolie wickeln und 1 bis 2 Stunden in den Kühlschrank legen. Zum Ausrollen des Teiges zwei etwa 20 cm lange, 5 cm breite und 1 cm dicke Holzleisten besorgen.

Vom hellen Teig etwa ein Fünftel abschneiden, 3 mm dünn ausrollen und auf Backpapier in den Kühlschrank legen. Hellen und dunklen Teig dann zwischen Holzleisten 1 cm dick und 20 cm lang ausrollen.

Holzmodeln

Manches Gebäck gewinnt seine typische Eigenart, wenn man es mit Modeln in der altgewohnten Form herstellt wie Spekulatius oder Springerle. Holzmodeln werden manchmal in Spezialgeschäften angeboten, häufiger findet man ein Rollholz, in das die Formen der Modeln eingestanzt sind.

Den Teig für das Gebäck auf einer leicht bemehlten oder mit Puderzucker bestäubten Arbeitsfläche mit einem gewöhnlichen Rollholz etwa 8 mm dick in Breite des Wellholzes ausrollen.

Knusprige Ränder

Viele Kekse – das ist trockenes Dauergebäck – und runde Plätzchen gewinnen an Wohlgeschmack, wenn ihr Rand mit Zucker, gehackten Nüssen, Sesamsamen, anderen Samen oder Krokantstreuseln behaftet ist. Wie dies leicht gelingt, zeigen folgende Phasenfotos:

Aus dem im Rezept angegebenen Teig eine oder zwei Rollen oder eckige Blöcke formen. Je nach Teigart den geformten Teig in Klarsichtfolie gewickelt im Kühlschrank kühlen, damit sich der Teig leichter schneiden läßt.

Die dunkle Teigplatte auf die helle legen und von der Längsseite her zu einer dichten Rolle formen. Die Rolle in Klarsichtfolie wickeln und mindestens 1 Stunde in den Kühlschrank legen.

Von der gekühlten Teigrolle mit einem dünnen, scharfen Messer knapp ½ cm dicke Scheiben abschneiden, diese auf ein mit Butter bestrichenes oder mit Backpapier ausgelegtes Backblech legen und auf der mittleren Schiene des Backofens bei 200° 10 bis 12 Minuten backen.

Hellen und dunklen Teig nacheinander mit Hilfe einer Holzleiste in 1 cm breite Streifen schneiden.

Alle Streifen mit leicht verquirltem Eiweiß bestreichen, schachbrettartig zu einem Quadrat zusammensetzen und den Block in den hellen ausgerollten Teig einschlagen. Nach dem Kühlen den Block in ½ cm dicke Scheiben schneiden und wie die Spiralen backen.

Das mit den Formen versehene Rollholz mit sanftem Druck über den Teig gleiten lassen oder den Model in den Teig drükken. Die einzelnen Figuren dann mit einem dünnen scharfen Messer exakt am Rand entlang ausschneiden.

Bei einzelnen Modeln diese mit Mehl ausstäuben, überflüssiges Mehl wieder herausklopfen und den Model kräftig in den Teig drücken. Das Plätzchen mit einem scharfen, dünnen Messer entlang der Model ausschneiden und durch Klopfen auf die Rückseite der Model stürzen.

Nüsse möglichst klein und gleichmäßig hacken. Nüsse, Zucker, Samen oder Krokantstreusel auf eine große flache Platte oder auf die Arbeitsfläche streuen.

Die Teigrollen oder Teigblöcke mit wenig mit Milch oder Sahne verquirltem Eigelb bestreichen, rundherum in der für den Rand bestimmten Masse wenden – hier sind es gehackte Pistazien – und dabei leicht andrücken. Den Teig in gleich dünne Scheiben schneiden.

Mandeln als Backzutat

Mandeln werden bereits aus der hölzernen Schale ausgelöst verkauft. Je nach Gebäckart verwendet man sie mit der braunen Haut, die den weißen Kern umschließt, meist aber wird die braune Haut abgezogen. Da sich Mandeln mit der braunen Haut länger frisch halten, löst man die Haut erst kurz vor dem Verwenden.

Die braunen Mandeln in eine Schüssel schütten, mit kochendheißem Wasser überbrühen und 2 Minuten darin ziehen lassen.

Nüsse vorbereiten

Haselnüsse kann man nur ausnahmsweise ohne die feine braune Haut kaufen, die den weißen Kern umhüllt. Erfordert es ein Rezept, muß die braune Haut aus geschmacklichen Gründen entfernt werden. Außerdem werden nicht alle Nüsse gemahlen verwendet, sondern oft gehackt.

Haselnüsse auf einem Backblech ausbreiten und auf der mittleren Schiene im Backofen bei 180° etwa 10 Minuten rösten; die Häutchen müssen danach sichtbar aufgeplatzt sein.

Zuckersirup

Zuckersirup wird als Zusatz für feine Füllungen in der Patisserie und für Karamel gebraucht. Ein Zuckerthermometer ermöglicht das exakte Einhalten der benötigten Temperatur. Das Thermometer vor und nach dem Eintauchen in den heißen Sirup in heißes Wasser stellen, um ein Springen durch den extremen Temperaturwechsel zu vermeiden.

Je nach Rezept den Zucker mit der vorgeschriebenen Wassermenge unter ständigem Umrühren auflösen. Erst danach mit dem Thermometer bis zur gewünschten Temperatur erhitzen.

Weißer Krokant

Brauner Krokant aus Haselnüssen oder Erdnüssen und karamelisiertem Sirup ist bekannt und wird häufig als Dekor, als Grundmasse oder als Füllung von Konfekt gebraucht. Mit weißem Krokant läßt sich gut variieren; er wird aus Mandeln und Zuckersirup hergestellt.

Von den Mandeln die braunen Häutchen abziehen, die Mandeln gut trocknen lassen und fein mahlen. Die gleiche Menge Zucker wie Mandeln in Wasser zu Sirup kochen und bis auf 120° erhitzen.

Die Mandeln dann in einem Sieb kalt abschrekken und mit den Fingerspitzen aus den nun locker sitzenden braunen Häutchen drücken.

Die Mandeln gut trocknen lassen – eventuell kurz im Backofen bei 120° rösten – und je nach Rezept durch die Mandelmühle drehen, im Mixer mehlfein zerkleinern oder hacken.

Die Nüsse dann auf ein großes Tuch schütten und reiben, bis alle Häutchen abgelöst sind. Nüsse, die nicht weiß werden, anderweitig verwenden.

Sollen die Nüsse gehackt werden, diese mit einem großen Hackmesser zerkleinern, wobei die Messerspitze festgehalten und die Klinge über den Nüssen auf und ab geführt wird. Zuletzt eventuell das Wiegemesser verwenden.

Ist die vorgeschriebene Temperatur erreicht, den Topf mit dem Sirup in kaltes Wasser tauchen, damit der Kochvorgang sofort unterbrochen wird.

Für Sirupfäden die Lösung auf etwa 110° erhitzen, für weiche Sirupmasse zum sogenannten »Festen Ball« auf 120° und für Karamel auf 160° bis 175°.

Den Sirup vom Herd nehmen und in kaltes Wasser tauchen. Die Mandeln unterrühren und die Masse auf einer geölten Marmor- oder Porzellanplatte kalt werden lassen.

Den erstarrten Krokant zerbrechen, in einem extrastarken Plastikbeutel mit dem Fleischklopfer zerstoßen, durch ein Sieb streichen und für Füllungen oder als Verzierung verwenden.

So gelingen Pralinen und Konfekt

Zuckerglasur

Soll die Glasur ein Teilchen nur wie ein zarter Film umhüllen, darf sie flüssiger sein als eine deckende Glasur. Besonderen Glanz gewinnt jede Glasur, wenn Teigschichten zuvor aprikotisiert werden.

1 Aprikosen- oder auch andere Konfitüre durch ein Haarsieb streichen, mit wenig Wasser unter Rühren aufkochen und mit einem Pinsel auf die warme Oberfläche streichen.

2 Puderzucker sieben und tropfenweise mit kochendheißer Flüssigkeit zur gewünschten Konsistenz verrühren.

3 Eiweißglasur aus gesiebtem Puderzucker und Eiweiß läßt sich besonders leicht auf empfindliche Gebilde auftragen. Zucker und Eiweiß zur gewünschten Konsistenz verrühren und 1 Eßlöffel geschmolzene, aber abgekühlte Butter untermischen.

4 Zum Überziehen von Pralinen die Glasur dickflüssig halten. Die Pralinen auf eine Pralinenspirale legen und zweimal eintauchen. Die Glasur auf Pergament trocknen lassen.

Schokoladenglasur

Schokoladenfettglasur kann leicht selbst hergestellt werden, indem man Schokolade oder Kuvertüre zerkleinert und im heißen Wasserbad schmelzen läßt. Kuvertüre und Schokoladenfettglasur werden auch fertig angeboten.

1 Butter oder Kokosfett und etwas Puderzucker unter die geschmolzene Schokolade rühren und die Glasur zur benötigten Konsistenz abkühlen lassen. Besonderen Glanz erhält die Glasur, wenn sie nach dem Schmelzen erstarrt und erneut erhitzt wird.

2 Zum Herstellen von Schokoladenhüllen für Pralinen jeweils etwas geschmolzene Glasur in die Manschetten gießen, diese durch Schwenken damit auskleiden und gestürzt auf Folie trocknen lassen.

3 In die erstarrte Schokoladenhülle die Füllung geben und glattstreichen.

4 Die Schokoladenglasur erneut im heißen Wasserbad streichfähig werden lassen, die Füllung damit bedecken und die Glasur mit einem kleinen Spatel glätten.

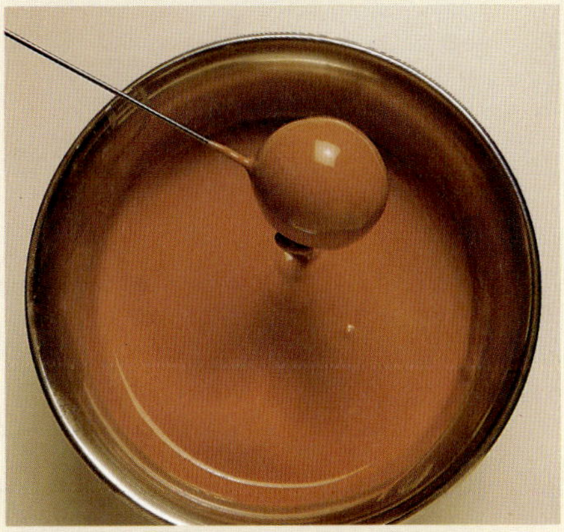

Die feinen Trüffeln

Trüffelmasse für Pralinen besteht aus Schokolade und Sahne, meist mit Butter oder Kokosfett angereichert, oder aus Schokolade und Butter und stets mit erlesenen Aromen verfeinert. Die zarte Creme eignet sich gut für gespritzte Rosetten, die man in Manschetten fest werden läßt.

1 Entweder die Sahne erhitzen und die zerkleinerte Schokolade darin schmelzen lassen oder die geschmolzene Schokolade mit Butter und etwas Puderzucker verrühren.

2 Die warme Trüffelmasse im Eiswürfelbad kräftig schaumig rühren; das geht am schnellsten mit den Schneebesen des elektrischen Handrührgerätes.

3 Die Schaummasse in einen Spritzbeutel mit kleiner Sterntülle füllen, Rosetten in Pralinen-Manschetten spritzen und im Kühlschrank fest werden lassen.

4 Oder die gekühlte Trüffelmasse zu Kugeln formen. Dunkle Trüffeln in helle Zuckerglasur, helle Trüffeln in Schokoladenglasur tauchen.

Kandierte Früchte

Die Früchte sind umso länger haltbar, je öfter man sie mit Zuckersirup übergießt, damit sie davon völlig durchdrungen werden. Und je härter die Konsistenz der Früchte, desto länger die Prozedur.

1 Die geschälten, in konfektgroße Stücke geschnittenen Früchte – hier sind es 500 g Ananas – von Wasser bedeckt 10 Minuten kochen und abtropfen lassen.

2 100 g Traubenzucker und 400 g Zucker mit dem Kochsud der Ananas verrühren und 12 Stunden stehenlassen. Das Zuckerwasser dann zu Sirup bis 110° kochen und heiß über die Ananas gießen.

3 Nach 24 Stunden den Sirup abgießen, erneut auf 110° erhitzen und wieder über die Ananas gießen. Diesen Vorgang mindestens noch viermal wiederholen.

4 Die Ananas dann abgießen und an einem warmen Platz in ungefähr 24 Stunden trocknen lassen. Nach Belieben teilweise in Schokoladenglasur tauchen.

Mini-Patisserie

Kleine Köstlichkeiten zum Kaffee,
als Dessert oder
als „Zuckerle“ für Zwischendurch

Feine Törtchen mit Marzipan

Einmal mit Marzipan-Rohmasse, einmal aus der Vollwertküche

Marzipantörtchen mit Dinkel

im Bild vorne

Zutaten für 60 Stück:
250 g feingemahlener Dinkel
1 Prise Salz · 125 g Butter
2 Eigelbe · 1 Eßl. Zitronensaft
2 Eßl. Zuckerrohrgranulat
½ Teel. Zimtpulver
250 g Mandeln
etwa 3 Eßl. fester Honig
1½ Eßl. Rosenwasser
Für das Backblech: Butter

Vollwertrezept
Braucht etwas Zeit

Pro Stück etwa:
290 kJ/69 kcal · 2 g Eiweiß
5 g Fett · 4 g Kohlenhydrate

Vorbereitungs- und Ruhezeit:
1½ Stunden
Backzeit pro Blech: 12 Minuten

Das Dinkelmehl mit dem Salz, der in Flöckchen geschnittenen Butter, den Eigelben, dem Zitronensaft, dem Zuckerrohrgranulat und dem Zimt zu einem glatten Teig verkneten. • Den Teig zugedeckt 1 Stunde kühl stellen. • Die Mandeln mit kochendem Wasser überbrühen, kurz ziehen lassen, kalt abschrecken und die Haut abstreifen. • 30 Mandeln längs halbieren und beiseite stellen. • Die restlichen Mandeln gut abtrocknen, fein reiben und mit dem Honig und dem Rosenwasser zu einem geschmeidigen Marzipan verkneten. • Den Backofen auf 200° vorheizen. Das Backblech mit Butter bestreichen. • Den Teig portionsweise auf einer leicht bemehlten Arbeitsfläche dünn ausrollen, Kreise von 7 cm Durchmesser ausstechen und auf das Backblech legen. • Jeden Kreis mit 1½ Teelöffeln Marzipan bestreichen und mit 1 Mandelhälfte belegen. • Die Törtchen auf der mittleren Schiene in etwa 12 Minuten hellbraun backen.

Marzipantörtchen mit Pistazien

im Bild hinten

Zutaten für 40 Stück:
100 g Marzipan-Rohmasse
180 g weiche Butter
125 g Zucker · 1 Prise Salz
3 Eier · 150 g Mehl
75 g Speisestärke
1 Teel. Backpulver
3 Eßl. Aprikosenkonfitüre
2 Eßl. gehackte Pistazien
Zum Formen: extrastarke Alufolie

Gelingt leicht

Pro Stück etwa:
410 kJ/98 kcal · 2 g Eiweiß
6 g Fett · 10 g Kohlenhydrate

Vorbereitungszeit: 50 Minuten
Backzeit pro Blech: 20 Minuten

Die Marzipan-Rohmasse würfeln und mit der Butter vermengen. • Den Zucker, das Salz und die Eier untermischen. • Das Mehl und die Speisestärke mit dem Backpulver darüber sieben, unterziehen und alles mit den elektrischen Rührbesen in etwa 3 Minuten cremig schlagen. • Die Alufolie in 10 cm breite Streifen, dann in 40 Quadrate schneiden. Daraus mit Hilfe eines Glases Förmchen von etwa 3½ cm Durchmesser formen. • Den Backofen auf 200° vorheizen. • Den Teig in einen Spritzbeutel füllen, in jedes Förmchen einen Teigtupfen spritzen und darauf 1 Teelöffelspitze Konfitüre geben. Diese wiederum mit einem Teigtupfen bedecken; die Förmchen nur zu zwei Dritteln füllen. • Die Törtchen auf der mittleren Schiene in etwa 20 Minuten im Backofen goldbraun backen. • Die übrige Konfitüre bei schwacher Hitze erwärmen und glattrühren. Die noch heißen Törtchen damit bestreichen und mit den Pistazien bestreuen.

Beliebtes Mandelgebäck

Zart, klein und fein präsentieren sich diese bekannten Spezialitäten

Bethmännchen

im Bild vorne

Zutaten für 50 Stück:
100 g abgezogene Mandeln
200 g Marzipan-Rohmasse
80 g Puderzucker
1 kleines Ei
2 gehäufte Eßl. Mehl
2 Eßl. Rosenwasser
120 g abgezogene, halbierte Mandeln
2 Eigelbe · 1 Eiweiß
Für das Backblech: Backpapier

Etwas teurer

Pro Stück etwa:
290 kJ/69 kcal · 2 g Eiweiß
4 g Fett · 5 g Kohlenhydrate

Vorbereitungszeit: 1½ Stunden
Backzeit pro Blech: 12 Minuten

Die Mandeln in der Mandelmühle fein reiben oder im Mixer pürieren. • Die Marzipan-Rohmasse würfeln und mit dem Puderzucker, dem Ei, dem Mehl, dem Rosenwasser und den gemahlenen Mandeln zu einem geschmeidigen, glatten Teig verkneten. • Den Backofen auf 150° vorheizen. Ein Backblech mit Backpapier auslegen. • Aus dem Teig etwa kirschgroße Kugeln formen. An jede Kugel seitlich behutsam je 3 Mandelhälften drücken, so daß sich die Spitzen der Mandeln in der oberen Mitte fast berühren. • Die Eigelbe mit dem Eiweiß verquirlen, die Bethmännchen damit bestreichen, auf das Backblech setzen und auf der mittleren Schiene in etwa 12 Minuten hellgelb backen. • Die Bethmännchen auf einem Kuchengitter abkühlen lassen.

Amsterdamer Pitmoppen

im Bild hinten

Zutaten für 60 Stück:
200 g weiche Butter
200 g Zucker
1 Prise Salz
1 Teel. abgeriebene Schale von
1 ungespritzten Zitrone
370 g Mehl
1 Messerspitze Backpulver
1 Ei · 1 Eiweiß
1 Eigelb
200 g abgezogene Mandeln
Für das Backblech: Butter

Spezialität aus Holland
Braucht etwas Zeit

Pro Stück etwa:
360 kJ/86 kcal · 2 g Eiweiß
5 g Fett · 8 g Kohlenhydrate

Vorbereitungszeit: 45 Minuten
Ruhezeit: 1 Stunde
Backzeit pro Blech: 15 Minuten

Die Butter mit dem Zucker, dem Salz und der Zitronenschale geschmeidig rühren. • Das Mehl mit dem Backpulver darüber sieben, das Ei und das Eiweiß dazugeben und alles zu einem glatten Teig verkneten. • Den Teig zugedeckt 1 Stunde kühl stellen. • Den Teig portionsweise auf einer leicht bemehlten Arbeitsfläche etwa 4 mm dick ausrollen. Dabei den Teig mit einer Palette öfter von der Unterlage lösen. • Den Backofen auf 200° vorheizen. Das Backblech mit Butter bestreichen. • Den Teig in 4 cm große Quadrate schneiden und auf das Backblech legen. • Das Eigelb mit wenig Wasser verquirlen und die Plätzchen damit bestreichen. • Die Mandeln längs halbieren und jeweils 4 Hälften davon kreuzförmig auf die Pitmoppen legen. • Die Plätzchen auf der mittleren Schiene in etwa 15 Minuten goldgelb backen. • Die Pitmoppen abkühlen lassen.

Aromatische Spitzen und Brötchen

Mit dem Spritzbeutel gelingen die Spitzen besonders hübsch

Orangenbrötchen

im Bild links

Zutaten für 60 Stück:
80 g Walnußkerne
50 g Korinthen · 50 g Orangeat
200 g Weizen-Vollkornmehl
2 Eßl. Kakaopulver
2 Teel. Weinstein-Backpulver
1 Messerspitze gemahlene Vanille · 125 g weiche Butter
4 Eßl. flüssiger Blütenhonig
abgeriebene Schale von 1 ungespritzten Orange
2 Eier
Für das Backblech: Butter

Vollwertrezept
Gelingt leicht

Pro Stück etwa:
200 kJ/48 kcal · 1 g Eiweiß
4 g Fett · 4 g Kohlenhydrate

Vorbereitungszeit: 45 Minuten
Ruhezeit: 30 Minuten
Backzeit pro Blech: 15 Minuten

Die Walnüsse in einer trockenen Pfanne rösten, bis sie dunkler werden und angenehm duften. Die Nüsse abkühlen lassen und grob reiben. • Die Korinthen heiß waschen, in einem Sieb abtropfen lassen und mit dem Orangeat mit einem Messer zerkleinern. • Das Mehl mit dem Kakao, dem Backpulver, der Vanille, den zerkleinerten Früchten und den Nüssen mischen. • Die Butter mit dem Honig und der Orangenschale schaumig schlagen. Abwechselnd die Mehlmischung und die Eier unterrühren, bis ein geschmeidiger Teig entstanden ist. • Den Teig 30 Minuten zugedeckt ruhen lassen. • Den Backofen auf 190° vorheizen. Das Backblech mit Butter bestreichen. • Vom Teig mit zwei Teelöffeln kleine Brötchen abstechen, diese auf das Backblech setzen und auf der mittleren Schiene im Backofen in etwa 15 Minuten goldbraun backen.

Unser Tip: Die Orangenbrötchen schmecken am besten, nachdem sie 2 bis 3 Tage in einer verschlossenen Blechdose aufbewahrt wurden.

Kokosspitzen

im Bild rechts

Zutaten für 60 Stück:
100 g feine Kokosflocken
200 g weiche Butter
5 Eßl. flüssiger Blütenhonig
½ Teel. gemahlene Vanille
1 Ei
200 g Weizen-Vollkornmehl
50 g Buchweizenmehl
2 Teel. Weinstein-Backpulver
2 Eßl. Kakaopulver
Für das Backblech: Butter

Vollwertrezept
Etwas schwierig

Pro Stück etwa:
220 kJ/52 kcal · 1 g Eiweiß
3 g Fett · 5 g Kohlenhydrate

Vorbereitungszeit: 45 Minuten
Backzeit pro Blech: 12 Minuten

Die Kokosflocken im Mixer fein zerkleinern. • Die Butter mit dem Honig, der Vanille und dem Ei schaumig rühren. • Das Weizenmehl und das Buchweizenmehl mit dem Backpulver mischen. • Die Mehlmischung mit den Kokosflocken nach und nach unter die Buttermasse rühren. • Den Backofen auf 180° vorheizen. Das Backblech mit Butter bestreichen. • Den Teig halbieren und eine Hälfte mit dem Kakaopulver mischen. • Zuerst den hellen Teig in einen Spritzbeutel mit Sterntülle füllen und Spitzen auf das Backblech spritzen. Danach mit dem dunklen Teig ebenso verfahren. • Die Kokosspitzen auf der oberen Schiene in etwa 12 Minuten hellbraun backen.

Zartes für besondere Anlässe

Bei beiden Gebäckarten sollte man mit dem Spritzbeutel arbeiten

Orangenglacés

im Bild links

Zutaten für 50 Stück:
90 g Butter · 75 g Zucker
3 Eiweiße · 1 Prise Salz
75 g Mehl
abgeriebene Schale von
2 ungespritzten Orangen
6 Eßl. Orangeat
5 Eßl. Puderzucker
2–3 Eßl. Orangensaft
Für das Backblech: Backpapier

Gelingt leicht • Preiswert

Pro Stück etwa:
148 kJ/35 kcal · 1 g Eiweiß
2 g Fett · 3 g Kohlenhydrate

Vorbereitungszeit: 45 Minuten
Backzeit pro Blech: 10 Minuten
Fertigstellung: 30 Minuten

Die Butter mit dem Zucker schaumig rühren. • Die Eiweiße mit dem Salz zu steifem Schnee schlagen. • Den Eischnee auf die Buttermasse geben, das Mehl darüber sieben, die Orangenschale darüber streuen und alles unter die Buttermasse heben. • Den Backofen auf 200° vorheizen. Das Backblech mit Backpapier auslegen. • Den Teig in einen Spritzbeutel mit einer ½ cm großen, glatten Tülle füllen und walnußgroße Tupfen auf das Backblech spritzen; dabei genügend Abstand halten, da die Tupfen stark auseinanderfließen. • Die Plätzchen auf der mittleren Schiene etwa 10 Minuten backen. Wenn der Rand beginnt, dunkel zu werden, sind sie fertig. • Die Plätzchen auf einer glatten Fläche abkühlen lassen. • Das Orangeat sehr klein würfeln. Den Puderzucker sieben. • Den Orangensaft erwärmen und so viel davon mit dem Puderzucker mischen, daß eine nicht zu dünnflüssige Glasur entsteht. • Die Plätzchen mit der Glasur bestreichen. Das Orangeat auf die noch feuchte Glasur streuen.

Kleine Sahnebaisers

im Bild rechts

Zutaten für 25 Stück:
2 Eiweiße
1 Prise Salz · 150 g Zucker
1 Teel. Vanillezucker
0,2 l Sahne
4 Teel. Instant-Pulverkaffee
25 Schokoladen-Mokkabohnen
Für das Backblech: Backpapier

Etwas schwierig
Braucht etwas Zeit

Pro Stück etwa:
260 kJ/62 kcal · 1 g Eiweiß
3 g Fett · 7 g Kohlenhydrate

Vorbereitungszeit: 45 Minuten
Backzeit: 2 Stunden
Fertigstellung: 15 Minuten

Die Eiweiße mit dem Salz schaumig schlagen. 100 g Zucker und den Vanillezucker einrieseln lassen und weiterschlagen, bis der Eischnee steif ist und glänzt. • Den Backofen auf 100° vorheizen. Das Backblech mit Backpapier auslegen. • Den Eischnee in einen Spritzbeutel mit Sterntülle füllen. Kreise mit kleinem Zackenrand im Durchmesser von 4 cm auf das Blech spritzen und diese auf der mittleren Schiene in 2 Stunden mehr trocknen lassen als backen. Die Backofentüre dabei durch einen hölzernen Kochlöffelstiel einen Spaltbreit offen halten. • Die Baisers mit einem Spatel vom Papier heben und abkühlen lassen. • Die Sahne mit dem restlichen Zucker und dem Pulverkaffee steif schlagen, dann mit dem Spritzbeutel mit kleiner Sterntülle in die Baisers spritzen. Jedes Törtchen mit 1 Schokoladen-Mokkabohne belegen.

Cashew-Hörnchen

Die mürben Hörnchen erinnern an österreichische Patisserie

Zutaten für 20 Stück:
80 g Cashewkerne
1 nußgroßes Stück kandierter Ingwer
110 g Butter · 125 g Mehl
80 g Zuckerrohrgranulat
1 Prise Salz
Für das Backblech: Backpapier

Etwas schwierig
Braucht etwas Zeit

Pro Stück etwa:
420 kJ/100 kcal · 1 g Eiweiß
6 g Fett · 10 g Kohlenhydrate

Vorbereitungszeit: 45 Minuten
Ruhezeit: 1 Stunde
Backzeit pro Blech: 15 Minuten

Von den Cashewkernen 50 g fein reiben, 30 g hacken und beiseite stellen. • Den Ingwer fein hacken. • Die Butter in Flöckchen schneiden und mit dem Mehl, den geriebenen Nüssen, dem Zuckerrohrgranulat, dem Salz und dem Ingwer zu einem festen Teig verkneten. • Aus dem Teig 4 gleich große Rollen formen, jede einzeln in Folie wickeln und 1 Stunde im Kühlschrank ruhen lassen. • Den Backofen auf 175° vorheizen. Das Backblech mit Backpapier auslegen. • Jede Teigrolle in gleich große Stücke schneiden und diese mit bemehlten Händen auf einer leicht bemehlten Arbeitsfläche zu Hörnchen formen. Darauf achten, daß beim Formen nicht zuviel Mehl in den Teig gelangt, da sonst die Nüsse nicht haften. • Die Hörnchen mit der Oberseite leicht in die gehackten Cashewkerne drücken, auf das Backblech legen und auf der mittleren Schiene in etwa 15 Minuten goldgelb backen. • Die Hörnchen auf dem Blech etwas abkühlen lassen, dann behutsam mit einem Spatel vom Blech heben. Die Hörnchen auf einem Kuchengitter kalt werden lassen.

Feine Schokoladenstangen

Das feine Gebäck schmeckt auch mit Vollmilch-Kuvertüre

Zutaten für 100 Stück:
200 g Mehl
½ Päckchen Backpulver
50 g Zucker
100 g Butter
1 Ei
100 g Zartbitter-Kuvertüre
Für das Backblech: Backpapier

Gelingt leicht
Braucht etwas Zeit

Pro Stück etwa:
97 kJ/23 kcal · 0 g Eiweiß
1 g Fett · 2 g Kohlenhydrate

Vorbereitungszeit: 1 Stunde
Ruhezeit: 1 Stunde
Backzeit pro Blech: 15 Minuten
Fertigstellung: 30 Minuten

Das Mehl mit dem Backpulver in eine Schüssel sieben und den Zucker darüber streuen. • Die Butter in Flöckchen schneiden und mit dem Ei zum Mehl geben. Alle Zutaten zunächst mit dem Rührlöffel mischen, dann mit den Händen zu einem festen, aber geschmeidigen Teig verkneten. • Den Teig in Folie wickeln und 1 Stunde im Kühlschrank ruhen lassen. • Den Backofen auf 200° vorheizen. Das Backblech mit Backpapier auslegen. • Mit bemehlten Händen aus dem Teig etwa bleistiftdicke Rollen formen und diese in 5 cm lange Stücke schneiden. • Die Stangen auf das Backblech legen und auf der mittleren Schiene in etwa 15 Minuten goldgelb backen. • Die Stangen auf einem Kuchengitter kalt werden lassen. • Die Kuvertüre in einem kleinen Topf bei schwacher Hitze auf dem Herd oder im heißen Wasserbad schmelzen lassen. • Die Stangen an beiden Enden in die Kuvertüre tauchen, dann auf Pergamentpapier trocknen lassen.

Apartes Gebäck mit Backpflaumen

Backpflaumen lassen sich besser verarbeiten, wenn man sie etwas quellen läßt

Pflaumentäschchen

im Bild vorne

Zutaten für 8 Stück:
300 g tiefgefrorener Blätterteig (5 Platten)
100 g Backpflaumen ohne Steine
25 g Orangeat · 4 Eßl. Armagnac oder Grapefruitsaft
1 Ei · 100 g geriebene Mandeln
Zum Bestreuen: etwas Puderzucker

Preiswert • Gelingt leicht

Pro Stück etwa:
1200 kJ/290 kcal · 6 g Eiweiß
20 g Fett · 25 g Kohlenhydrate

Vorbereitungs- und Quellzeit:
1½ Stunden
Backzeit: 20 Minuten

Die Blätterteigscheiben auftauen lassen. • Die Backpflaumen und das Orangeat würfeln, mit dem Armagnac oder dem Grapefruitsaft mischen und 30 Minuten quellen lassen. • Die Blätterteigscheiben halbieren und auf einer bemehlten Arbeitsfläche 10 Quadrate von 7 × 7 cm ausrollen. 2 der Quadrate in jeweils 4 kleine Quadrate schneiden. • Den Backofen auf 200° vorheizen. Das Backblech kalt abspülen. • Das Ei trennen. • Das Eiweiß mit den Mandeln, den Pflaumen und der Quellflüssigkeit im Mixer fein pürieren. • Das Püree auf den größeren Teigquadraten verteilen. Die Ecken über die Füllung legen. • Das Eigelb mit 1 Teelöffel Wasser verquirlen und die Oberflächen der Täschchen damit bestreichen. Die kleinen Quadrate in die Mitte legen und ebenfalls mit Eigelb bestreichen. • Die Täschchen auf das feuchte Backblech legen und auf der mittleren Schiene in etwa 20 Minuten goldgelb backen. • Die Täschchen mit etwas Puderzucker bestreuen.

Pflaumenmakronen

im Bild hinten

Zutaten für 60 Stück:
150 g ungeschwefelte Backpflaumen ohne Steine
4 Eßl. Slibowitz
Saft und abgeriebene Schale von ½ ungespritzten Zitrone
100 g Haselnußkerne
30 g Weizenkleie · 3 Eiweiße
2½ Eßl. flüssiger Blütenhonig
30 g Zuckerrohrgranulat
60 Backoblaten von 4 cm Durchmesser

Vollwertrezept
Braucht etwas Zeit

Pro Stück etwa:
110 kJ/26 kcal · 1 g Eiweiß
1 g Fett · 3 g Kohlenhydrate

Vorbereitungs- und Quellzeit:
1½ Stunden
Backzeit pro Blech: 30 Minuten

Die Backpflaumen klein würfeln, mit dem Slibowitz, dem Zitronensaft und der Zitronenschale mischen und zugedeckt 1 Stunde quellen lassen. • Die Nüsse in einer trockenen Pfanne rösten, bis sie angenehm duften und die braunen Schalen platzen. Die Schalen dann zwischen einem Küchentuch abreiben. Die Nüsse fein reiben und mit der Weizenkleie mischen. • Den Backofen auf 130° vorheizen. Das Backblech mit den Oblaten belegen. • Die Eiweiße halbsteif schlagen, den Honig und das Zuckerrohrgranulat unterrühren und alles zu steifem Schnee schlagen. • Die Nußmischung und die Backpflaumen mit der Quellflüssigkeit unter den Eischnee heben. • Die Makronenmasse mit zwei Teelöffeln auf die Oblaten verteilen und auf der mittleren Schiene in 30 Minuten mehr trocknen lassen als backen.

Honigmandeln

Die vollwertige Konkurrenz zu gebrannten Mandeln

Zutaten für 50 Stück:
- 200 g Weizen-Vollkornmehl
- 1 Teel. Weinstein-Backpulver
- ½ Teel. gemahlene Vanille
- 100 g weiche Butter
- 3½ Eßl. flüssiger Blütenhonig
- 1 Ei
- 100 g abgezogene, grob geriebene Mandeln
- 150 g Hagebuttenmarmelade, mit Zuckerrohrgranulat gesüßt (Reformhaus)
- Für das Backblech: Butter

Vollwertrezept
Gelingt leicht

Pro Stück etwa:
230 kJ/55 kcal · 1 g Eiweiß
3 g Fett · 6 g Kohlenhydrate

Vorbereitungszeit 45 Minuten
Backzeit pro Blech: 10 Minuten

Das Mehl mit dem Backpulver und der Vanille mischen. • Die Butter mit dem Honig schaumig schlagen. Die Mehlmischung mit dem Ei nach und nach unterrühren. • Den Backofen auf 175° vorheizen. Das Backblech mit Butter bestreichen. • Die geriebenen Mandeln in einen tiefen Teller schütten. • Aus dem Teig kleine Ovale formen, in den Mandeln wenden und auf das Backblech legen. • In die Mitte der Ovale mit dem Ende eines Bleistiftes eine kleine Vertiefung drükken. Dahinein jeweils etwas Hagebuttenmarmelade füllen; das geht am besten mit einer kleinen Spritztülle zum Füllen. • Die Honigmandeln auf der mittleren Schiene in etwa 10 Minuten goldbraun backen. • Die Plätzchen auf einem Kuchengitter abkühlen lassen.

Unser Tip: Die Honigmandeln sind angenehm weich und nur schwach süß. Wer sie süßer möchte, rührt noch etwas Zuckerrohrgranulat unter die Masse.

Walnußkugeln

Gut als Reise-Imbiß geeignet, da sie nicht durstig machen

Zutaten für 40 Stück:
- 80 g Walnußkerne
- 150 g Weizen-Vollkornmehl
- 50 g Roggen-Vollkornmehl
- 50 g Buchweizenmehl
- 1 Teel. Weinstein-Backpulver
- abgeriebene Schale von 1 ungespritzten Orange
- 100 g weiche Butter
- 100 g Zuckerrohrmelasse (Naturkostladen)
- 50 g Zuckerrohrgranulat
- 1 Ei
- Für das Backblech: Butter

Vollwertrezept
Gelingt leicht

Pro Stück etwa:
290 kJ/69 kcal · 1 g Eiweiß
4 g Fett · 8 g Kohlenhydrate

Vorbereitungszeit: 45 Minuten
Ruhezeit: 30 Minuten
Backzeit pro Blech: 20 Minuten

Die Walnüsse in einer trockenen Pfanne unter Umwenden rösten, bis sie angenehm duften und etwas dunkler geworden sind. Die Nüsse abkühlen lassen und grob reiben. • Die Mehlsorten mit dem Backpulver, der Orangenschale und den geriebenen Nüssen mischen. • Die Butter mit der Zuckerrohrmelasse, dem Zuckerrohrgranulat und dem Ei schaumig rühren und die Mehlmischung nach und nach darunterziehen. • Den Teig zugedeckt 30 Minuten quellen lassen. • Den Backofen auf 190° vorheizen. Das Backblech mit Butter bestreichen. • Aus dem Teig mit leicht bemehlten Händen Kugeln in der Größe von kleinen Walnüssen formen, auf das Backblech legen und auf der mittleren Schiene in etwa 20 Minuten goldbraun backen. • Die Walnußkugeln auf einem Kuchengitter vollkommen abkühlen lassen.

Feine Feigenwürfel

Leicht mit Spirituosen aromatisiert, doch keineswegs jugendgefährdend

Zutaten für 100 Stück:
150 g getrocknete Feigen
je 2 Eßl. Rum und Kirschwasser
100 g Haselnußkerne
200 g Weizen-Vollkornmehl
1 Teel. Weinstein-Backpulver
½ Teel. Zimtpulver
je 50 g gewürfeltes Zitronat und Orangeat
abgeriebene Schale von ½ ungespritzten Zitrone
100 g weiche Butter
3½ Eßl. flüssiger Honig
2 Eier
50 g Zuckerrohrgranulat
Saft von ½ Zitrone
Für das Backblech: Backpapier

Vollwertrezept

Pro Stück etwa:
140 kJ/33 kcal · 24 g Eiweiß
36 g Fett · 32 g Kohlenhydrate

Quellzeit: 1 Stunde
Vorbereitungszeit: 45 Minuten
Backzeit: 20–25 Minuten
Fertigstellung: 10 Minuten

Die Feigen würfeln, mit dem Rum und dem Kirschwasser mischen und zugedeckt 1 Stunde quellen lassen. • Die Haselnüsse in einer trockenen Pfanne rösten, bis die Schalen platzen. Die Schalen zwischen einem Küchentuch abreiben. Die Nüsse dann in der Mandelmühle grob mahlen. • Den Backofen auf 190° vorheizen. Das Backblech zur Hälfte mit Backpapier auslegen. • Das Mehl mit dem Backpulver, den Nüssen, dem Zimt, dem Zitronat, dem Orangeat und der Zitronenschale mischen. • Die Butter mit dem Honig schaumig rühren. Die Mehlmischung, die Eier und die Feigen mit der Quellflüssigkeit nach und nach unterrühren. • Den Teig 1 cm dick auf das Backpapier streichen und auf der mittleren Schiene in 20 bis 25 Minuten goldbraun backen. • Für die Glasur das Zuckerrohrgranulat mit dem Zitronensaft und etwas Wasser knapp 5 Minuten sprudelnd kochen, etwas abkühlen lassen und auf die Teigplatte streichen. • Die Teigplatte in 2 cm große Würfel schneiden und auf einem Kuchengitter völlig kalt werden lassen.

Kleine Hits als Überraschung

Mit diesem Gebäck können Sie Sympathie signalisieren

Kumquat-Tartes

im Bild links

Zutaten für 10 Stück:
300 g tiefgefrorener Blätterteig (5 Platten) · 12 Kumquats
80 g Mascarpone (italienischer Frischkäse)
2 Eßl. Honig · 1 Eigelb
1 Eßl. Orangenlikör

Etwas teurer

Pro Stück etwa:
800 kJ/190 kcal · 5 g Eiweiß
12 g Fett · 15 g Kohlenhydrate

Vorbereitungszeit: 30 Minuten
Backzeit: 15 Minuten

Den Blätterteig auftauen lassen. • Den Backofen auf 200° vorheizen. Das Backblech abspülen und nicht abtrocknen. • Die Teigplatten einmal quer halbieren, so daß 10 Quadrate entstehen. Auf jedem Quadrat mit einem Glas einen Kreis markieren. Die Teigstücke auf das Backblech legen. • Die Kumquats warm waschen, abtrocknen und ungeschält in dünne Spalten schneiden. • Den Mascarpone mit 1 Eßlöffel Honig verrühren und die Kreise auf den Teigquadraten damit bestreichen. Die Kumquatspalten sternförmig darauf anordnen. • Das Eigelb mit wenig Wasser verquirlen und die unbedeckten Teigränder damit bestreichen. • Die Tartes auf der mittleren Schiene etwa 15 Minuten backen. • Den übrigen Honig mit dem Likör verrühren und die Kumquats damit bestreichen.

Karamel-Windbeutelchen

im Bild rechts

Zutaten für 25 Stück:
75 g Mehl · ⅛ l Milch
50 g Butter · 1 Prise Salz
1 Eßl. Vanillezucker · 2 Eier
100 g Zucker · ¼ l Sahne
50 g gehackte Pistazien
Für das Backblech: Backpapier

Etwas schwierig

Pro Stück etwa:
430 kJ/100 kcal · 2 g Eiweiß
7 g Fett · 8 g Kohlenhydrate

Vorbereitungszeit: 20 Minuten
Backzeit: 20 Minuten
Fertigstellung: 30 Minuten

Das Mehl auf ein Stück Papier sieben. • Den Backofen auf 225° vorheizen. Das Backblech mit Backpapier auslegen. • Die Milch mit der Butter, dem Salz und dem Vanillezucker zum Kochen bringen, vom Herd nehmen und das Mehl hineinschütten. • Alle Zutaten auf dem Herd zu einem Kloß rühren, der sich vom Topfboden löst. • Den Teig vom Herd nehmen und 1 Ei sofort unterrühren. Das zweite Ei ebenfalls untermischen. • Vom abgekühlten Teig mit einem Spritzbeutel haselnußgroße Kugeln auf das Backblech spritzen und auf der mittleren Schiene etwa 10 Minuten backen. • Die Temperatur auf 200° schalten, die Backofentüre mit einem hölzernen Kochlöffelstiel einen Spalt offen halten und die Windbeutel weitere 10 Minuten backen. Dann abkühlen lassen. • Den Zucker mit 2 Eßlöffeln Wasser zu Karamel kochen. Die Windbeutel kurz hineintauchen und den Karamel fest werden lassen. • Die Sahne steif schlagen, mit den Pistazien mischen und in einen Spritzbeutel mit kleinster Tülle füllen. • Die Unterseiten der Windbeutel einschneiden und mit der Schlagsahne füllen.

Mürbeteig-Brandteig-Törtchen

Ein höchst raffiniertes Gebäck für festliche Gelegenheiten

Zutaten für 12 Stück:
Für den Mürbeteig:
250 g Mehl
125 g Butter
100 g feiner Zucker
1 Ei
1 Prise Salz
Für den Brandteig:
50 g Mehl
⅛ l Milch
50 g Butter
2 Eier
Für die Creme:
¼ Vanilleschote
⅛ l Milch
2 Eßl. Mehl
3 Eßl. Zucker
1 Teel. Butter
1 Prise Salz
1 Ei
Zum Garnieren:
1 Eßl. Puderzucker
75 g Johannisbeergelee
Für 12 Torteletteförmchen von
8 cm Durchmesser: Butter

Berühmtes Rezept
Etwas schwierig

Pro Stück etwa:
1400 kJ/330 kcal · 8 g Eiweiß
17 g Fett · 37 g Kohlenhydrate

Vorbereitungszeit: 1¼ Stunden
Ruhezeit: 2 Stunden
Backzeit: 25 Minuten
Fertigstellung: 15 Minuten

Für den Mürbeteig das Mehl auf eine Arbeitsfläche sieben und in die Mitte eine Mulde drükken. • Die Butter in Flöckchen über das Mehl schneiden. Den Zucker, das Ei und das Salz in die Mulde geben und alle Zutaten rasch zu einem geschmeidigen Teig verkneten. • Den Teig in Folie wickeln und etwa 2 Stunden im Kühlschrank ruhen lassen. • Für den Brandteig das Mehl auf ein Stück Papier sieben. • Die Milch mit der Butter aufkochen lassen, das Mehl auf einmal hineinschütten und so lange rühren, bis sich ein Kloß bildet, der sich vom Topfboden löst. • Den Teig vom Herd nehmen und etwas abkühlen lassen. Dann die Eier einzeln unter den Teig mischen. • Für die Creme die Vanilleschote längs aufschneiden, das Mark herausschaben und mit dem Schotenstück in der Milch erhitzen. • Das Mehl mit dem Zucker, der Butter, dem Salz und dem Ei verquirlen. • Das Schotenstück aus der Milch nehmen. Die heiße Milch unter Rühren unter die Mehl-Zucker-Masse mischen, zurück in den Topf schütten und unter weiterem Rühren knapp ½ Minute kochen lassen. • Die Creme in eine Schüssel gießen und mit etwas Zucker bestreuen, damit sich während des Abkühlens keine Haut bildet. • Den Backofen auf 200° vorheizen. Die Torteletteförmchen mit Butter ausstreichen. • Den Mürbeteig ½ cm dick ausrollen. Mit einem gezackten Teigrädchen 24 Streifen von 1 cm Breite und 8 cm Länge ausschneiden. • Aus dem übrigen Teig 12 Kreise von etwa 11 cm Durchmesser ausstechen. Den Boden und den Rand der Förmchen mit den Teigkreisen auslegen. • Den Brandteig mit der Creme verrühren, die Törtchen zu zwei Dritteln damit füllen und die Teigstreifen über Kreuz darauf legen. • Die Törtchen auf der mittleren Schiene in etwa 25 Minuten goldgelb backen. • Die Törtchen auf einem Kuchengitter abkühlen lassen. • Die Törtchen mit dem Puderzucker besieben. Das Gelee erwärmen und jedes Dreieck zwischen den Mürbeteigstreifen damit ausfüllen.

Meringuen mit grüner Grütze

Von reizvollem Aussehen und verlockendem Geschmack

Zutaten für 30 Stück:
3 Eiweiße
1 Prise Salz
170 g feiner Zucker
3 Blätter farblose Gelatine
200 g helle Weintrauben
3 Kiwis
0,1 l Weißwein oder Apfelsaft
30 g gehackte Pistazien
Für das Backblech: Backpapier und Öl

Etwas schwierig
Braucht etwas Zeit

Pro Stück etwa:
200 kJ/48 kcal · 2 g Eiweiß
1 g Fett · 8 g Kohlenhydrate

Vorbereitungszeit: 45 Minuten
Backzeit: 2 Stunden
Fertigstellung: 35 Minuten

Den Backofen auf 120° vorheizen. Zwei Backbleche mit Backpapier auslegen und das Papier leicht mit Öl bestreichen. • Die Eiweiße mit dem Salz steif schlagen. Die Hälfte des Zuckers unter weiterem Schlagen einrieseln lassen und weiterschlagen, bis der Eischnee schnittfest ist. Den übrigen Zucker nach und nach unterrühren. • Den Eischnee in einen Spritzbeutel füllen und spiralförmig 30 Böden von etwa 4 cm Durchmesser auf die Backbleche spritzen. Jedem Boden einen Rand aus Baisertupfen aufspritzen. • Die Meringuen auf der mittleren und unteren Schiene in 2 Stunden mehr trocknen lassen als backen. Die Backofentüre dabei mit einem hölzernen Kochlöffelstiel einen Spaltbreit offen halten. Danach auf einem Kuchengitter abkühlen lassen. • Die Gelatine von kaltem Wasser bedeckt 10 Minuten quellen lassen. • Die Trauben waschen, halbieren, entkernen und die Häute abziehen. Die Kiwis schälen und würfeln. • Das Obst mit dem Wein oder dem Saft einmal aufkochen lassen und vom Herd nehmen. • Die Gelatine ausdrücken, im heißen Kompott auflösen und kalt stellen, bis die Grütze zu stocken beginnt. • Die Meringuen mit der Grütze füllen und mit den Pistazien bestreuen.

Baisers in Schwarz und Weiß

Verführerisch durch zauberhafte Füllungen in schaumzarten Schalen

Gefüllte Baisermuscheln

im Bild vorne

Zutaten für 24 Stück:
4 Eiweiße · 1 Teel. Zitronensaft
150 g feiner Zucker
50 g Speisestärke
50 g gehackte Pistazien
150 g Erdbeeren
125 g Gelierzucker · ½ l Sahne
Mark von ½ Vanilleschote
Für das Backblech: Backpapier

Etwas schwierig
Braucht etwas Zeit

Pro Stück etwa:
590 kJ/140 kcal · 3 g Eiweiß
8 g Fett · 15 g Kohlenhydrate

Vorbereitungszeit: 35 Minuten
Back- und Marinierzeit:
2 Stunden
Fertigstellung: 30 Minuten

Den Backofen auf 120° vorheizen. Das Backblech mit Backpapier auslegen. • Die Eiweiße mit dem Zitronensaft steif schlagen, die Hälfte des Zuckers einrieseln lassen und 1 Minute weiterschlagen. Den übrigen Zukker mit der Speisestärke mischen und unter den Eischnee heben. • 24 muschelförmige Schalen vom Eischnee mit einem Spritzbeutel auf das Backblech spritzen, mit den Pistazien ausstreuen und auf der mittleren Schiene 2 Stunden mehr trocknen lassen als backen. Die Backofentüre dabei mit einem hölzernen Kochlöffelstiel einen Spaltbreit offen halten. • Die Erdbeeren waschen, entstielen, zerdrücken, mit dem Gelierzucker mischen und zugedeckt 2 Stunden marinieren lassen. • Die Erdbeeren dann zu einem dickflüssigen Gelee kochen und durch ein Haarsieb streichen. Die Sahne steif schlagen und mit dem Vanillemark unter das abgekühlte Erdbeergelee mischen. • Die Baisermuscheln kalt werden lassen, mit dem Gelee füllen und dann gleich servieren.

Schokoladenbaisers

im Bild hinten

Zutaten für 12 Stück:
3 Eiweiße · 150 g Puderzucker
2 Eßl. Kakaopulver
1 Teel. Instant-Kaffeepulver
1 Teel. Amarettolikör
250 g Himbeeren
2 Eßl. Himbeergeist
¼ l Sahne
1 Eßl. Vanillezucker
2 Eßl. Eierlikör
Für das Backblech: Backpapier

Etwas schwierig

Pro Stück etwa:
630 kJ/150 kcal · 4 g Eiweiß
7 g Fett · 16 g Kohlenhydrate

Vorbereitungszeit: 35 Minuten
Backzeit: 2 Stunden
Fertigstellung: 15 Minuten

Die Eiweiße flaumig schlagen. Den Puderzucker darüber sieben und den Eischnee weiterschlagen, bis er sehr steif ist und glänzt. • Das Kakao- und das Kaffeepulver mischen und mit dem Likör unter die Baisermasse ziehen. • Den Backofen auf 100° vorheizen. Das Backblech mit Backpapier auslegen und 12 Kreise von knapp 5 cm Durchmesser darauf markieren. • Die Baisermasse in einen Spritzbeutel mit Sterntülle füllen. Die aufgezeichneten Kreise spiralförmig von innen nach außen mit Baiser füllen und Tupfenränder darauf spritzen. • Die Törtchen auf der mittleren Schiene in 2 Stunden mehr trocknen lassen als backen, dabei die Backofentüre mit einem hölzernen Kochlöffelstiel einen Spaltbreit offen halten. • Die verlesenen Himbeeren mit dem Himbeergeist marinieren. • Die Sahne mit dem Vanillezucker steif schlagen, den Eierlikör unterheben. • Die abgetropften Himbeeren in die Törtchen verteilen, die Schlagsahne darüber füllen und etwas von der Marinierflüssigkeit darüber träufeln.

Schillerlöckchen

Schillerlocken sind meist tütenförmig, man kann sie aber auch zu Röllchen formen

Zutaten für 12 Stück:
300 g tiefgefrorener Blätterteig (5 Platten)
2 Eigelbe
2 Eßl. Sahne
Zum Füllen:
¼ l Sahne
3 Eßl. Puderzucker
2 Eßl. Instant-Schokoladenpulver
3 Eßl. Saft und Kerne von 1 Granatapfel
Zum Bestreuen:
2 Teel. Schokoladenstreusel
2 Teel. Granatapfelkerne
12 selbstgemachte Förmchen: siehe Tip

Berühmtes Rezept
Etwas schwierig

Pro Stück etwa:
1100 kJ/260 kcal · 5 g Eiweiß
20 g Fett · 13 g Kohlenhydrate

Vorbereitungszeit: 1 Stunde
Backzeit: 12 Minuten
Fertigstellung: 30 Minuten

Den Blätterteig aus der Verpackung nehmen, die Platten nebeneinander legen und bei Raumtemperatur auftauen lassen. • Den gesamten aufgetauten Teig auf einer leicht bemehlten Arbeitsfläche etwa ½ cm dick zu einem Rechteck von 18 x 26 cm ausrollen. Das Rechteck mit einem glatten Teigrädchen und mit Hilfe eines Lineals von der Längsseite her in 12 Streifen von 1½ cm Breite schneiden. • Den Backofen auf 220° vorheizen. Das Backblech und die Förmchen kalt abspülen und nicht abtrocknen. • Die Eigelbe mit der Sahne verquirlen und die Teigstreifen längs halbseitig damit bestreichen. • Die Teigstreifen dann so um die Förmchen legen, daß die unbestrichene Seite aufliegt. Die Streifen dann spiralförmig um die Förmchen wickeln, wobei jeweils die mit Eigelb bestrichene Hälfte überlappend vom nachfolgenden Teig bedeckt wird. • Die Förmchen auf das Backblech legen und die Schillerlöckchen auf der mittleren Schiene im Backofen in etwa 12 Minuten goldgelb backen. • Die Förmchen aus den noch heißen Schillerlöckchen ziehen und das Gebäck auf einem Kuchengitter abkühlen lassen. • Die Sahne mit dem gesiebten Puderzucker steif schlagen und in zwei Portionen teilen. Eine Portion mit dem Schokoladenpulver, die andere mit dem Saft und den Kernen des Granatapfels mischen. • Die Sahneportionen in zwei Spritzbeutel mit kleiner Sterntülle füllen. 6 Schillerlöckchen mit der Schokoladensahne, 6 mit der Granatapfelsahne ausspritzen. Dabei jeweils an beiden Enden mit einer Sahnerosette abschließen. • Die Sahnerosetten entsprechend der Füllung mit den Schokoladenstreuseln oder mit Granatapfelkernen bestreuen.

Unser Tip: Für die Förmchen rollen Sie aus biegsamer Pappe Tütchen von etwa 3 cm Durchmesser und ungefähr 6 cm Länge. Diese Tütchen dann fest mit Alufolie überziehen. Sollten die Schillerlocken schon vor der angegebenen Backzeit bräunen, diese mit Pergamentpapier abdecken, damit sie innen trotzdem noch gut durchbacken können.

Papaya-Rum-Schiffchen

Der exotische Inhalt wurde speziell für erwachsene Schlemmer erfunden

Zutaten für 12 Stück:
⅛ l weißer Rum
6 Eßl. Zitronensaft
200 g Papayawürfel
200 g Mehl · 125 g Butter
1 Ei · 2 Eßl. Zuckerrohrgranulat
1 Prise Salz
½ Teel. abgeriebene Schale von
½ ungespritzten Zitrone
40 g Zucker · 3 Eigelbe
1 Eiweiß · 2 Eßl.
Aprikosen-Mango-Konfitüre
12 Blättchen Zitronenmelisse
Für die Schiffchenformen von
etwa 6 cm Länge: Butter

Etwas teurer
Braucht etwas Zeit

Pro Stück etwa:
1100 kJ/260 kcal · 6 g Eiweiß
15 g Fett · 18 g Kohlenhydrate

Vorbereitungszeit: 1 Stunde
Ruhezeit: 2 Stunden
Backzeit: 15 Minuten
Fertigstellung: 30 Minuten

Den Rum mit ⅛ l Wasser und dem Zitronensaft erhitzen, mit den Papayawürfeln mischen und diese zugedeckt 2 Stunden marinieren. • Das Mehl mit der Butter in Flöckchen, dem Ei, dem Zuckerrohrgranulat, dem Salz und der Zitronenschale verkneten. Den Teig in Folie wickeln und 1 Stunde kühl stellen. • Den Backofen auf 200° vorheizen. Die Förmchen mit Butter ausstreichen. • Den Teig in 12 gleich große Stücke teilen und jedes Stück leicht ausrollen. Die Förmchen damit auslegen. Den Teigboden mit einer Gabel mehrmals einstechen. • Die Schiffchen auf der mittleren Schiene in etwa 15 Minuten goldgelb backen. Dann stürzen und abkühlen lassen. • Die Marinierflüssigkeit der Papayas in eine Metallschüssel gießen, die Hälfte des Zuckers und die Eigelbe unterrühren und alles im heißen Wasserbad cremig schlagen. • Die Creme im kalten Wasserbad kalt rühren. • Das Eiweiß steif schlagen und mit dem übrigen Zucker und den Papayas unter die Creme heben. • Die Schiffchen mit der Creme füllen, mit der Konfitüre bestreichen und mit der Melisse garnieren.

Glasierte Babas

Kleine Rumküchlein aus der alten russischen Küche

Zutaten für 12 Stück:
15 g Hefe
2 Eßl. lauwarme Milch
1 Eßl. Zucker · 100 g Butter
200 g Mehl · 2 kleine Eier
1 Prise Salz · 100 g Korinthen
⅛ l Rum
Für die Glasur:
200 g Zucker
3 Eßl. Aprikosenkonfitüre
12 Cocktailkirschen
Für die konischen Förmchen von
4 cm Durchmesser und 8 cm
Höhe: reichlich Butter

Braucht etwas Zeit
Berühmtes Rezept

Pro Stück etwa:
1100 kJ/260 kcal · 4 g Eiweiß
9 g Fett · 37 g Kohlenhydrate

Vorbereitungszeit: 50 Minuten
Ruhezeit: 1½ Stunden
Backzeit: 20 Minuten

Die Hefe mit der Milch und dem Zucker verrühren. • Die Butter zerlassen. • Das Mehl in eine angewärmte Schüssel sieben, mit der aufgelösten Hefe, den Eiern, dem Salz und der Butter verkneten und zugedeckt 1 Stunde gehen lassen. • Die Korinthen heiß waschen, abtropfen lassen und mit der Hälfte des Rums zugedeckt quellen lassen. • Die Förmchen mit reichlich Butter ausstreichen. • Die Korinthen mit der Quellflüssigkeit unter den Teig mischen. Die Förmchen zu zwei Dritteln mit dem Teig füllen und diesen zugedeckt weitere 30 Minuten gehen lassen. • Den Backofen auf 200° vorheizen. • Die Babas auf der mittleren Schiene etwa 20 Minuten backen, stürzen und abkühlen lassen. • Den Zucker mit knapp ⅜ l Wasser 5 Minuten kochen lassen. Vom Herd nehmen und die Babas darin wenden, bis sie sich gut vollgesogen haben. Dann abtropfen lassen. • Die Konfitüre durch ein Sieb passieren, erwärmen, mit dem übrigen Rum mischen und die Babas damit bestreichen. • Die Kirschen vierteln und sternförmig auf die Babas drücken.

Böhmische Spezialitäten im Kleinformat

Heiß oder kalt serviert, auch als Nachspeise beliebt

Mini-Kolatschen

im Bild links

Zutaten für 24 Stück:
300 g Mehl · 20 g Hefe
⅛ l lauwarme Milch
100 g Zucker
1 Prise Salz
50 g zerlassene Butter
1 Ei · 100 g gemahlener Mohn
1 Eßl. Semmelbrösel
0,1 l Milch
150 g Schichtkäse
2 Eßl. Vanillezucker
1 Eßl. Speisestärke
2 Eßl. weiche Butter
1 Eigelb · 1 Eiweiß
100 g Pflaumenmus
1 Eßl. Zwetschgenwasser
Zum Bestreichen: 1 Eigelb
Für das Backblech: Butter

Braucht etwas Zeit

Pro Stück etwa:
720 kJ/170 kcal · 5 g Eiweiß
8 g Fett · 18 g Kohlenhydrate

Vorbereitungs- und Ruhezeit:
1½ Stunden
Backzeit: 15 Minuten

Etwa 1 Tasse Mehl mit der zerbröckelten Hefe, der lauwarmen Milch und 3 Eßlöffeln Zukker mischen und zugedeckt 20 Minuten gehen lassen. • Das übrige Mehl mit dem Salz, der zerlassenen Butter und dem Ei unter den Hefeansatz rühren. Den Teig zugedeckt 40 Minuten gehen lassen. • Den Mohn mit den Bröseln, dem restlichen Zucker und der Milch aufkochen und abkühlen lassen. • Den abgetropften Schichtkäse mit dem Vanillezukker, der Speisestärke, der Butter und dem Eigelb verrühren. Das Eiweiß steif schlagen und unterheben. • Das Pflaumenmus mit dem Zwetschgenwasser mischen. • 24 kleine Fladen aus dem Teig formen, auf das gefettete Backblech legen und die Ränder mit dem verquirlten Eigelb bestreichen. Je 4 Mini-Häufchen Mohn und Käsemasse auf den Kolatschen verteilen. In die Mitte 1 Tupfen Pflaumenmus geben. Die Kolatschen 15 Minuten gehen lassen. • Den Backofen auf 200° vorheizen und die Kolatschen auf der mittleren Schiene etwa 15 Minuten backen.

Liwanzen

im Bild rechts

Zutaten für 40 Stück:
⅜ l Milch · 20 g Hefe
2 Eßl. Zucker · 300 g Mehl
abgeriebene Schale von
1 ungespritzten Zitrone
1 Prise Salz · 1 Ei
50 g zerlassene Butter
100 g Butterschmalz
200 g Pflaumenmus
100 g körniger Frischkäse
1 Teel. Zimtpulver
25 g gehackte Walnußkerne

Preiswert
Braucht etwas Zeit

Pro Stück etwa:
400 kJ/95 kcal · 2 g Eiweiß
5 g Fett · 10 g Kohlenhydrate

Vorbereitungszeit: 20 Minuten
Ruhezeit: 1 Stunde
Fertigstellung: 40 Minuten

Die Milch erwärmen. • Die Hefe und den Zucker mit der Milch verrühren. Das Mehl darüber sieben und untermischen. Die Zitronenschale, das Salz, das Ei und die Butter unter den dickflüssigen Teig mengen und diesen zugedeckt 1 Stunde gehen lassen. • Den Backofen auf 75° vorheizen. • Vom Butterschmalz jeweils 2 Teelöffel in einer großen Pfanne erhitzen. Pro Liwanze 1 kleinen Eßlöffel Teig in die Pfanne geben und von beiden Seiten goldbraun braten. Die Liwanzen im Backofen warm halten, bis alle fertig sind. • Die Liwanzen mit dem Pflaumenmus bestreichen, anrichten und mit dem Frischkäse, dem Zimt und den Nüssen bestreuen.

Knusprig fritierte Kleinigkeiten

Ob vom Rhein oder aus Südtirol, diese zarten Gebilde finden viel Anklang

Mutzenmandeln

im Bild vorne

Zutaten für 35 Stück:
100 g Butter
200 g Zucker
5 Eier
400 g Mehl
100 g geriebene Mandeln
1 Päckchen Backpulver
1 Teel. gemahlener Kardamom
1 Prise Salz
1 kg Butterschmalz
5 Eßl. Puderzucker

Gelingt leicht
Berühmtes Rezept

Pro Stück etwa:
760 kJ/180 kcal · 4 g Eiweiß
11 g Fett · 16 g Kohlenhydrate

Zubereitungszeit: 50 Minuten

Die Butter mit dem Zucker schaumig rühren. Nach und nach die Eier, das Mehl, die Mandeln, das Backpulver, den Kardamom und das Salz untermischen und alles zu einem glatten Teig verrühren. • Das Butterschmalz in einer Friteuse oder in einem Fritiertopf auf 170° erhitzen. • Vom Teig mit zwei kleinen Teelöffeln kleine mandelförmige Nokken abstechen, ins heiße Fett gleiten lassen und 3 bis 4 Minuten fritieren. Das Gebäck dabei öfter wenden, damit es gleichmäßig bräunt. • Die fertigen Mutzenmandeln auf saugfähigem Papier abtropfen lassen und vor dem Anrichten mit dem Puderzucker besieben. • Am besten schmekken sie lauwarm.

Tiroler Crostoi

im Bild hinten

Zutaten für 80 Stück:
400 g Mehl
2 Teel. Backpulver
50 g Butter
50 g Zucker
1 Prise Salz
2 Eier
knapp ⅛ l Milch
2 Eßl. Grappa (italienischer Tresterschnaps)
1 l Öl
6 Eßl. Puderzucker

Spezialität
Gelingt leicht

Pro Stück etwa:
160 kJ/38 kcal · 1 g Eiweiß
1 g Fett · 5 g Kohlenhydrate

Zubereitungszeit: 1 Stunde

Das Mehl mit dem Backpulver in eine Schüssel sieben. Die Butter in Flöckchen darauf verteilen. • Den Zucker, das Salz, die Eier, die Milch und den Grappa dazugeben und alles zu einem glatten, festen Teig verkneten. • Das Öl in einer Friteuse oder in einem Fritiertopf auf 180° erhitzen. • Den Teig auf einer bemehlten Arbeitsfläche etwa 2 mm dick ausrollen und mit einem glatten Teigrädchen in 3 × 3 cm große Quadrate schneiden. • Die Crostoi portionsweise ins heiße Öl geben und 3 bis 4 Minuten fritieren. Dabei öfter wenden, damit das Gebäck gleichmäßig bräunt. • Die fertigen Crostoi auf saugfähigem Papier abtropfen lassen und vor dem Anrichten mit dem Puderzucker besieben.

Unser Tip: Das Fritierfett nach dem Gebrauch noch warm durch Filterpapier gießen, kalt werden lassen und dann zum Kochen oder Braten verwenden.

Schmalzgebäck für alle, die gern süß schlemmen

Einfach anmutende Rezepte, doch die Ergebnisse sind besonders raffiniert

Ausgebackene Pfefferminze

im Bild vorne

Zutaten für 20 Stück:
250 g Erdbeeren
40 g Aprikosenkonfitüre
75 g Mehl
1 Prise Salz
1 Eigelb
0,1 l Erdbeerwein oder anderer Obstwein
1 Eiweiß
500 g Butterschmalz
20 möglichst junge Zweige Pfefferminze
3 Eßl. Puderzucker

Etwas teurer
Gelingt leicht

Pro Stück etwa:
360 kJ/86 kcal · 1 g Eiweiß
6 g Fett · 6 g Kohlenhydrate

Zubereitungszeit: 40 Minuten

Die Erdbeeren waschen, entstielen und mit der Aprikosenkonfitüre pürieren. • Das Mehl mit dem Salz, dem Eigelb und dem Erdbeerwein verrühren. • Das Eiweiß zu steifem Schnee schlagen und unter den Teig heben. • Das Butterschmalz in einer Friteuse oder in einem Fritiertopf auf 180° erhitzen. • Die Pfefferminze lauwarm abbrausen, gründlich trockenschleudern und die Stengel etwas kürzen. • Die Pfefferminzzweige nach und nach durch den Ausbackteig ziehen, ins heiße Schmalz tauchen und in etwa 2 Minuten unter leichtem Drehen goldgelb fritieren. • Die ausgebackenen Zweige auf saugfähigem Papier abtropfen lassen, auf einer Platte anrichten, mit dem Puderzucker besieben und mit dem Beerenpüree möglichst frisch servieren.

Churros

Spanisches Spritzgebäck

im Bild hinten

Zutaten für 20 Stück:
knapp ½ l Wasser
1 Prise Salz
300 g Mehl
500 g Butterschmalz
100 g zartbittere Schokolade
100 g feiner Zucker

Spezialität • Preiswert

Pro Stück etwa:
690 kJ/160 kcal · 2 g Eiweiß
9 g Fett · 19 g Kohlenhydrate

Zubereitungszeit: 45 Minuten

Das Wasser in einem großen Topf zum Kochen bringen. Vom Herd nehmen, das Salz und das Mehl hineinschütten und mit einem Schneebesen kräftig rühren, bis sich der Teig vom Topfboden löst. • Das Butterschmalz in einer Friteuse oder in einem Fritiertopf auf 180° erhitzen. • Den Teig in einen Spritzbeutel mit einer Sterntülle von mittlerer Größe füllen und Kreise von etwa 4 cm Durchmesser auf Pergamentpapier spritzen. • Die Kreise portionsweise ins heiße Schmalz gleiten lassen und von jeder Seite in 2 bis 3 Minuten goldbraun ausbacken. • Das Gebäck mit einer Schaumkelle aus dem Schmalz heben und auf saugfähigem Papier abtropfen lassen. • Die Schokolade in Stücke brechen und im heißen Wasserbad schmelzen lassen. • Die ausgebackenen Kreise auf einer Platte anrichten, mit der flüssigen Schokolade beträufeln, mit dem Zukker bestreuen und noch warm servieren.

Zürcher Würfel

Mit diesen delikaten Törtchen wird man festlichen Gelegenheiten gerecht

Zutaten für 40 Stück:
Für den Teig:
8 Eier
125 g Puderzucker
2 Eßl. Vanillezucker
1 Prise Salz
40 g geriebene Blockschokolade
50 g Mehl
50 g Kakaopulver
65 g geriebene Mandeln
75 g Butter
Für die Creme:
1 Vanilleschote
½ l Milch
40 g Speisestärke
3 Eigelbe
100 g Zucker
250 g Butter
3 Eßl. Kirschwasser
Zum Garnieren:
1 Eßl. Kakaopulver
50 g Vollmilch-Borkenschokolade
Für das Backblech: Butter und Pergamentpapier

Etwas teurer
Etwas schwierig

Pro Stück etwa:
780 kJ/190 kcal · 5 g Eiweiß
14 g Fett · 10 g Kohlenhydrate

Vorbereitungszeit: 40 Minuten
Backzeit: 35 Minuten
Ruhezeit: 15 Stunden
Fertigstellung: 1 Stunde

Den Backofen auf 200° vorheizen. Ein Backblech von etwa 17 × 25 cm mit Butter bestreichen und mit Pergamentpapier auslegen. Dieses ebenfalls mit Butter bestreichen. • Die Eier in Eigelbe und Eiweiße trennen. • Die Eigelbe mit dem Puderzucker und dem Vanillezucker schaumig rühren. • Die Eiweiße mit dem Salz zu steifem Schnee schlagen. • Die Schokolade, das Mehl, das Kakaopulver und die Mandeln mischen, unter den Eischnee heben und diesen unter die Eigelbcreme ziehen. • Die Butter bei schwacher Hitze zerlassen, aber nicht heiß werden lassen, dann in dünnem Strahl in den Teig rühren. • Den Teig auf das Backblech streichen und auf der mittleren Schiene im Backofen in etwa 35 Minuten bakken. • Den Biskuit auf dem Backblech abkühlen lassen, dann stürzen und das Papier abziehen. Den Teig 12 Stunden ruhen lassen. • Etwa 4 Stunden vor dem Servieren die Vanilleschote längs aufschneiden, das Mark herausschaben und in ⅜ l Milch mit den Schotenhälften zum Kochen bringen. • Die übrige Milch mit der Speisestärke, den Eigelben und 50 g Zucker verrühren. • Die kochende Milch vom Herd nehmen und die Schotenhälften entfernen. Den restlichen Zucker und danach das Eigelbgemisch unterrühren und alles noch einmal aufkochen lassen. • Die Creme im kalten Wasserbad unter häufigem Umrühren wieder auf Raumtemperatur bringen. • Die Butter schaumig rühren und dabei ebenfalls Raumtemperatur annehmen lassen. • Eßlöffelweise die Vanillecreme und das Kirschwasser unter die Butter mischen. • Den Biskuit zweimal waagerecht durchschneiden. Jede Schicht mit Buttercreme bestreichen und so wieder zusammensetzen, daß man mit Buttercreme abschließt. • Die obere Schicht in Streifen mit dem Kakaopulver besieben. Den Biskuit 3 Stunden in den Kühlschrank stellen. • Vor dem Servieren den Kuchen in 3 × 3 cm große Würfel schneiden und jeden Würfel mit der Borkenschokolade garnieren. Die Zürcher Würfel eventuell in Pralinen-Papiermanschetten setzen.

Zitronentaler mit Lemon-Curd

Curd ist das englische Wort für Quark, hier aber verwandelt in zarte Zitronencreme

Zutaten für 30 Stück:
Für den Teig:
1 ungespritzte Zitrone
210 g Mehl
150 g Butter
100 g Zucker
1 Prise Salz
1 großes Eigelb
Für den Curd:
60 g Butter
60 g Zucker
1 Ei
Zum Bestreichen: 1 Eigelb
Zum Bestreuen: 50 g Hagelzucker
Für das Backblech: Backpapier

Etwas schwierig

Pro Stück etwa:
570 kJ/140 kcal · 2 g Eiweiß
8 g Fett · 13 g Kohlenhydrate

Vorbereitungs- und Ruhezeit:
1½ Stunden
Backzeit pro Blech: 15 Minuten

Die Zitrone waschen, abtrocknen und die Schale abreiben. • Das Mehl mit 1 Messerspitze Zitronenschale, der Butter in Flöckchen, dem Zucker, dem Salz und dem Eigelb zu einem Teig verkneten, in Folie wickeln und 1 Stunde kühl stellen. • Für den Curd die abgeriebene Zitrone auspressen. • Den Saft mit der Butter, dem Zucker und der übrigen Zitronenschale im heißen Wasserbad verrühren. • Das Ei mit 1 Eßlöffel Wasser schaumig schlagen, zur Butter-Zitronen-Masse geben und alles cremig schlagen. • Den Curd kalt stellen. • Den Backofen auf 160° vorheizen. Das Backblech mit Backpapier auslegen. • Den Mürbeteig messerrückendick ausrollen. Kreise von 4 cm Durchmesser ausstechen. In die Hälfte der Kreise mit einem Fingerhut ein Loch stechen. • Taler und Ringe auf das Backblech legen. Die Ringe mit dem verquirlten Eigelb bestreichen und mit dem Hagelzucker bestreuen. • Die Plätzchen auf der mittleren Schiene in etwa 15 Minuten goldgelb backen, dann vom Blech heben. • Die Taler noch warm mit dem Curd bestreichen und die Ringe darauf setzen.

Erfrischend, fruchtig und saftig

Einmal mit Likör getränkt, einmal mit würzigem Kürbispüree

Amaretto-Biskuits

im Bild vorne

Zutaten für 60 Stück:
5 Eigelbe · 125 g Zucker
5 Eiweiße · Saft von 1 Orange
75 g Mehl · 50 g Speisestärke
⅛ l Amarettolikör
200 g Aprikosenkonfitüre
100 g Mandelblättchen
Für das Backblech: Backpapier

Etwas schwierig

Pro Stück etwa:
210 kJ/50 kcal · 2 g Eiweiß
2 g Fett · 6 g Kohlenhydrate

Vorbereitungszeit: 20 Minuten
Backzeit pro Blech: 8 Minuten
Fertigstellung: 20 Minuten

Den Backofen auf 200° vorheizen. Das Backblech mit Backpapier auslegen. • Die Eigelbe mit 75 g Zucker cremig rühren. • Die Eiweiße mit dem restlichen Zucker und 1 Teelöffel Orangensaft zu steifem Schnee schlagen, dann über die Eigelbcreme geben. Das Mehl mit der Speisestärke darüber sieben und locker unterheben. • Den Biskuit auf das Backblech streichen und auf der mittleren Schiene in etwa 8 Minuten goldgelb backen. • Den Biskuit auf eine Arbeitsfläche stürzen und das Papier abziehen. Mit einem Glas von etwa 4 cm Durchmesser reihenweise, überlappend Halbmonde ausstechen. • Den übrigen Orangensaft mit dem Likör mischen und die Monde damit bestreichen, bis sie die Flüssigkeit aufgesogen haben. • Die Konfitüre mit 1 bis 2 Eßlöffeln heißem Wasser verrühren, passieren und die Monde damit überziehen. • Die Mandelblättchen in einer trockenen Pfanne goldbraun rösten und auf die Monde streuen. • Die Biskuits bis zum Servieren in Folie einschlagen und kühl stellen.

Kürbistörtchen

im Bild hinten

Zutaten für 10 Stück:
200 g Mehl · 100 g Butter
100 g Zucker · 6 Eigelbe
1 Eßl. Crème fraîche
500 g Kürbis, geschält und entkernt
1 Messerspitze Zimtpulver
abgeriebene Schale von 1 ungespritzten Zitrone
1 Messerspitze frisch geriebene Muskatnuß

Preiswert • Gelingt leicht

Pro Stück etwa:
1800 kJ/430 kcal · 12 g Eiweiß
29 g Fett · 28 g Kohlenhydrate

Vorbereitungszeit: 45 Minuten
Ruhezeit: 1 Stunde
Backzeit: 30 Minuten

Das Mehl in eine Schüssel sieben, die Butter in Flöckchen darüber verteilen und mit der Hälfte des Zuckers, 2 Eigelben und der Crème fraîche zu einem Mürbeteig verkneten. • Den Teig in Folie wickeln und 1 Stunde kühl stellen. • Den Kürbis klein würfeln. Ein Viertel davon beiseite stellen, den Rest pürieren. Die restlichen 4 Eigelbe, den restlichen Zucker, den Zimt, die Zitronenschale und den Muskat mit dem Püree mischen. Die Kürbiswürfel unterheben. • Den Backofen auf 180° vorheizen. • Den Mürbeteig etwa ½ cm dick ausrollen. 10 Förmchen von etwa 7 cm Durchmesser damit auslegen und die Törtchen zunächst auf der mittleren Schiene etwa 10 Minuten backen. • Das Kürbispüree in die Törtchen füllen und diese in weiteren 20 Minuten goldgelb backen. • Die Törtchen zunächst in den Formen etwas abkühlen, dann auf einem Kuchengitter erkalten lassen.

Verlockende Torteletts

Je kleiner sie sind, desto schwerer fällt es, zu widerstehen

Schokoladentörtchen

im Bild hinten

Zutaten für 20 Stück:
- 200 g weiche Butter
- 100 g Zucker
- 2 Eßl. Vanillezucker · 5 Eier
- 2 gehäufte Eßl. schwach entöltes Kakaopulver
- 1 Teel. Backpulver
- 150 g Mehl
- 50 g Speisestärke
- 50 g geriebene zartbittere Schokolade
- 100 g geriebene Mandeln
- 1 ungespritzte Orange
- 20 Papier-Backförmchen von 5–6 cm Durchmesser
- 5 Eßl. Orangenlikör
- 200 g Zartbitter-Kuvertüre
- 100 g gehacktes Orangeat

Schnell • Etwas teurer

Pro Stück etwa:
1260 kJ/300 kcal · 6 g Eiweiß
21 g Fett · 25 g Kohlenhydrate

Vorbereitungszeit: 30 Minuten
Backzeit pro Blech: 20 Minuten
Fertigstellung: 15 Minuten

Die Butter mit dem Zucker und dem Vanillezucker schaumig rühren. Nach und nach die Eier untermischen. • Den Kakao mit dem Backpulver, dem Mehl, der Speisestärke, der Schokolade und den Mandeln mischen. • Den Backofen auf 180° vorheizen. • Die Orange waschen, abtrocknen, die Schale abreiben, den Saft auspressen und beides mit der Mehlmischung unter die Butter-Eier-Masse rühren. • Die Förmchen auf das Backblech stellen, den Teig hineinfüllen und auf der mittleren Schiene etwa 20 Minuten backen. • Mit einem Holzspießchen Löcher in die Törtchen stechen und den Likör darüber träufeln. • Die Kuvertüre im Wasserbad schmelzen. Die abgekühlten Törtchen damit überziehen oder verzieren. Das Orangeat auf die weiche Kuvertüre streuen und leicht andrücken.

Unser Tip: Statt mit Orangensaft, -schale und -likör kann man die Törtchen mit Ingwer und Rum würzen. Die fertigen Törtchen mit Rum tränken, mit Kuvertüre überziehen und mit gehacktem kandiertem Ingwer bestreuen.

Kirschtörtchen

im Bild vorne

Zutaten für 12 Stück:
- 100 g Butter · 100 g Zucker
- 3 Eier · 1 Prise Salz
- abgeriebene Schale von 1 ungespritzten Zitrone
- 200 g Mehl
- 2 Teel. Backpulver
- 50 g geriebene Mandeln
- 300 g Sauerkirschen
- 12 Papier-Backförmchen von etwa 5 cm Durchmesser
- 3 Eßl. Puderzucker

Gelingt leicht • Schnell

Pro Stück etwa:
1000 kJ/240 kcal · 6 g Eiweiß
12 g Fett · 26 g Kohlenhydrate

Vorbereitungszeit: 40 Minuten
Backzeit: 25 Minuten

Die Butter mit dem Zucker schaumig rühren. Die Eier einzeln unterziehen, dann das Salz und die Zitronenschale untermengen. Das Mehl mit dem Backpulver und den Mandeln über den Teig sieben und untermischen. • Den Backofen auf 200° vorheizen. • Die Kirschen waschen, trockentupfen und entsteinen. • Die Förmchen auf das Backblech stellen, den Teig hineinfüllen und die Kirschen darauf verteilen; sie sollen beim Backen einsinken. • Die Törtchen auf der mittleren Schiene 20 Minuten backen, dann noch 5 Minuten im abgeschalteten Backofen belassen. • Die Törtchen abgekühlt mit dem Puderzucker besieben.

Florentiner

Das beliebte Mandelgebäck schmeckt aus der eigenen Küche besonders delikat

Zutaten für 30 Stück:
je 50 g Orangeat und Zitronat
30 g Butter
150 g Mandelblättchen, möglichst frisch gehobelt
100 g Zucker
2 Eßl. Vanillezucker
0,2 l Sahne
60 g Mehl
200 g Zartbitter-Kuvertüre
Für das Backblech: Backpapier

Berühmtes Rezept

Pro Stück etwa:
520 kJ/120 kcal · 2 g Eiweiß
10 g Fett · 12 g Kohlenhydrate

Vorbereitungszeit: 30 Minuten
Backzeit: 35 Minuten
Fertigstellung: 20 Minuten

Das Orangeat und das Zitronat fein hacken. • Die Butter in einem Topf zerlassen. Die Mandelblättchen, den Zucker, den Vanillezucker, das Orangeat, das Zitronat, die Sahne und das Mehl unterrühren und aufkochen lassen. • Die Masse bei schwacher Hitze unter ständigem Rühren 3 bis 5 Minuten leicht kochen lassen, bis sie dicklich ist. • Zwei Backbleche mit Backpapier auslegen. • Mit zwei Teelöffeln 30 kleine Häufchen mit gutem Abstand voneinander auf die Bleche setzen und mit einer Gabel rund in Form drücken. • Die Florentiner auf die mittlere Schiene des kalten Backofens schieben. • Den Backofen auf 180° heizen und die Florentiner vom ersten Blech etwa 20 Minuten backen. Die auf dem zweiten Blech benötigen nur etwa 15 Minuten Backzeit. • Die Florentiner auf dem Backpapier abkühlen lassen, dann vom Papier lösen und hart werden lassen. • Die Kuvertüre im heißen Wasserbad schmelzen. • Die Unterseiten der Florentiner dick – eventuell mehrmals – mit der Kuvertüre bestreichen und diese trocknen lassen.

Schokoladenigel

Wer sie speziell für Kinder bäckt, ersetzt den Rum durch Orangensaft

Zutaten für 16 Stück:
100 g Butter · 130 g Zucker
1 Prise Salz · 200 g Mehl
1 Päckchen Schokoladen-Puddingpulver · ½ l Milch
1 Eigelb · 250 g weiche Butter
200 g Puderzucker
2 Eßl. Instant-Kakaopulver
1 Eßl. Rum · 100 g Löffelbiskuits
100 g Mandelstifte
300 g Schokoladen-Fettglasur
1 Eiweiß

Etwas schwierig

Pro Stück etwa:
2050 kJ/490 kcal · 6 g Eiweiß
30 g Fett · 50 g Kohlenhydrate

Zubereitungszeit: 2 Stunden
Kühlzeit: 1½ Stunden
Backzeit: 6–8 Minuten

Die Butter mit 50 g Zucker, dem Salz und dem Mehl verkneten und 1 Stunde kühl stellen. • Das Puddingpulver mit 5 Eßlöffeln Milch und dem Eigelb verrühren. • Die übrige Milch mit 2 Eßlöffeln Zucker zum Kochen bringen, das Puddingpulver einrühren, aufkochen und abkühlen lassen. • Die Butter mit der Hälfte des Puderzuckers, dem Kakao und dem Rum schaumig rühren. • Die Biskuits würfeln. Den restlichen Zucker mit 5 Eßlöffeln Wasser aufkochen, die Biskuits damit tränken. • Wenn der Pudding so kühl ist wie die Buttermasse, diesen löffelweise untermischen. Die Biskuits unterziehen. Die Creme kühl stellen. • Den Backofen auf 200° vorheizen. • Aus Karton eine 4 cm lange Igelschablone schneiden. • Den Teig ausrollen, 16 Igel ausschneiden, 6 bis 8 Minuten backen, abkühlen lassen. • Die Buttercreme darauf streichen, mit den Mandelstiften spicken und fest werden lassen. • Die Glasur schmelzen und die Igel damit überziehen. • Den restlichen Puderzucker mit dem Eiweiß verrühren, den Igeln Mund und Augen auftupfen.

Fritierte Mäuschen

Als lockeres Gebäck verleiten sie bestimmt zum Zugreifen

Zutaten für 32 Stück:
500 g Mehl · 42 g Hefe
⅛–¼ l lauwarme Milch
100 g Zucker · 100 g Korinthen
je 1 Prise Salz, gemahlener Kardamom und Zimtpulver
abgeriebene Schale von ½ ungespritzten Zitrone · 1 Ei
1 Eigelb · 50 g weiche Butter
Zum Wenden und Verzieren:
½ Teel. Zimtpulver
4 Eßl. Zucker
64 abgezogene Mandelhälften
Zum Fritieren: 1 l Öl

Braucht etwas Zeit

Pro Stück etwa:
600 kJ/140 kcal · 4 g Eiweiß
6 g Fett · 19 g Kohlenhydrate

Vorbereitungszeit: 40 Minuten
Ruhezeit: : 1 Stunde
Fritierzeit: 50 Minuten

Das Mehl in eine Schüssel schütten und eine Mulde hineindrücken. Die Hefe hineinbrökkeln, mit etwas Milch, Mehl und 1 Teelöffel Zucker verrühren und zugedeckt 25 Minuten gehen lassen. • Die Korinthen heiß waschen, abtropfen lassen und 64 Beeren beiseite legen. • Den übrigen Zucker, die Gewürze, die Zitronenschale, das Ei, das Eigelb, die Butter, die Korinthen und so viel Milch unter das Mehl und den Vorteig rühren, daß ein knetbarer Teig entsteht. • Den Teig zugedeckt 40 Minuten gehen lassen. • Dann in 32 Kugeln teilen, zu mäuschenähnlichen Ovalen formen und 15 Minuten gehen lassen. • Das Öl in der Friteuse auf 175° erhitzen. • Jeweils 4 bis 5 Mäuschen im heißen Öl von jeder Seite in etwa 3 Minuten goldbraun ausbacken. Dann auf saugfähigem Papier gut abtropfen lassen. • Den Zimt mit dem Zucker mischen, die Mäuschen darin wenden. • Jedem Mäuschen aus Mandelhälften Ohren und die restlichen Korinthen als Augen aufstecken.

Petits fours mit Schokoladenglasur

Petits fours werden in Frankreich auch zu Mokka als Dessert gereicht

Zutaten für 20 Stück:
Für den Biskuit:
4 Eier
75 g Zucker
abgeriebene Schale von
1 ungespritzten Orange
75 g Speisestärke
25 g Mehl
Zum Füllen und Verzieren:
100 g weiche frische Landbutter
75 g Puderzucker
1 Eigelb
Mark von ¼ Vanilleschote
2 Eßl. Kirschwasser
200 g Aprikosenkonfitüre
je 200 g weiße Schokolade und
Zartbitter-Kuvertüre
50 g Butterschmalz
5 Cocktailkirschen
25 g gehackte Pistazien
3 Eßl. bunte Zuckerstreusel
20 Pralinen-Papiermanschetten
Für das Backblech: Backpapier

Spezialität aus Frankreich
Etwas schwierig

Pro Stück etwa:
1200 kJ/290 kcal · 5 g Eiweiß
17 g Fett · 31 g Kohlenhydrate

Vorbereitungszeit: 30 Minuten
Backzeit: 8 Minuten
Fertigstellung: 1¼ Stunden

Den Backofen auf 180° vorheizen. Das Backblech mit Backpapier auslegen. • Die Eier in Eigelbe und Eiweiße trennen. • Die Eigelbe mit 50 g Zukker und der Orangenschale schaumig rühren. • Die Eiweiße mit dem restlichen Zucker zu steifem Schnee schlagen und über die Eigelbcreme füllen. Die Speisestärke mit dem Mehl darüber sieben und mit einem Schneebesen locker unterheben. • Den Biskuit in einen Spritzbeutel mit großer Lochtülle füllen und auf das Backblech 40 walnußgroße Tropfen oder Herzen spritzen. • Die Biskuittörtchen auf der mittleren Schiene in etwa 8 Minuten goldgelb backen. Die Törtchen mit einem Spatel vom Backpapier lösen und auf einem Kuchengitter abkühlen lassen. • Die Butter cremig rühren. Den Puderzukker darüber sieben und mit dem Eigelb und dem Vanillemark unterrühren. Zuletzt das Kirschwasser mit der Buttercreme mischen. • Die Unterseiten von je 2 Törtchen mit der Buttercreme bestreichen und zusammensetzen. • Die Aprikosenkonfitüre unter Umrühren aufkochen lassen, durch ein Haarsieb streichen, die Törtchen hineintauchen und auf einem Kuchengitter trocknen lassen. • Die weiße Schokolade und die Kuvertüre getrennt voneinander grob zerkleinern und jede Sorte im warmen Wasserbad (etwa 40°) schmelzen lassen. Jeweils die Hälfte vom Butterschmalz unter die helle und die dunkle Schokolade rühren. • Die Petits fours nacheinander auf eine Gabel legen und die Hälfte davon mit der dunklen, die andere Hälfte mit der hellen Schokolade überziehen. So lange die Schokolade noch weich ist, die dunklen Törtchen mit je ½ Cocktailkirsche und den Pistazien, die hellen Törtchen mit den Zuckerstreuseln verzieren. • Die Schokolade auf dem Kuchengitter trocknen lassen. Die Törtchen dann mit einem Messer vom Gitter lösen und in den Pralinen-Papiermanschetten anrichten.

Petits fours mit Zuckerglasur

Diese kleinen, ausnehmend exquisiten Törtchen zählen zur Spitzenpatisserie

Zutaten für 20 Stück
Für den Biskuit:
5 Eier
150 g Zucker
abgeriebene Schale von
1 ungespritzten Zitrone
1 Prise Salz
75 g Mehl
50 g Speisestärke
50 g abgezogene, geriebene Mandeln
Zum Füllen und Verzieren:
400 g Marzipan-Rohmasse
4 Eßl. Himbeergeist
500 g Aprikosenkonfitüre
⅛ l Milch
400 g Puderzucker
4 Eßl. Himbeerkonfitüre
10 kandierte Veilchen
30 silberne Zuckerperlen
Für das Backblech: Backpapier

Berühmtes Rezept
Etwas schwierig

Pro Stück etwa:
1600 kJ/380 kcal · 5 g Eiweiß
9 g Fett · 65 g Kohlenhydrate

Vorbereitungszeit: 30 Minuten
Backzeit: 12 Minuten
Ruhezeit: 2 Stunden
Fertigstellung: 1¼ Stunden

Den Backofen auf 200° vorheizen. Das Backblech mit Backpapier auslegen. • Die Eier in Eigelbe und Eiweiße trennen. • Die Eigelbe mit 4 Eßlöffeln warmem Wasser, dem Zucker und der Zitronenschale schaumig rühren. • Die Eiweiße mit dem Salz zu steifem Schnee schlagen und auf die Eigelbcreme füllen. Das Mehl und die Speisestärke darüber sieben, die Mandeln darauf streuen und alles locker unterheben. • Den Biskuit auf das Backblech streichen und auf der mittleren Schiene in etwa 12 Minuten goldgelb backen. • Den Biskuit auf ein Kuchengitter stürzen und das Backpapier sofort abziehen. Den Biskuit mindestens 2 Stunden ruhen lassen. • Die Marzipan-Rohmasse in Würfel schneiden, cremig rühren und mit dem Himbeergeist mischen. • Die Aprikosenkonfitüre unter Umrühren aufkochen lassen und durch ein Haarsieb streichen. • Den Biskuit zuerst quer, dann beide Platten längs halbieren. Alle 4 Platten mit Aprikosenkonfitüre, 2 Platten zusätzlich noch mit der Marzipanmasse bestreichen. • Die nur mit Konfitüre bestrichenen Platten so auf die mit Marzipan legen, daß die unbestrichenen Seiten oben sind. • Zu gleichen Teilen gleichmäßige 3 cm große Würfel und Dreiecke aus dem gefüllten Biskuit schneiden. Diese ebenfalls mit Aprikosenkonfitüre überziehen. • Die Milch erhitzen. Den Puderzucker sieben und so viel von der Milch unterrühren, daß eine dickflüssige Glasur entsteht. • Die Himbeerkonfitüre durch ein Haarsieb streichen und die Hälfte der Glasur damit mischen. • Jedes Petit four auf eine Gabel stecken und über je eine Schüssel halten. Die Würfel von allen Seiten bis auf die Unterseite mit der hellen, die Dreiecke mit der rosafarbenen Glasur übergießen. Die Petits fours auf ein Kuchengitter stellen. • Die übrigen Glasuren in Tütchen aus Pergamentpapier füllen und durch die kleine Öffnung am Ende der Tütchen wollfeine Girlanden, jeweils andersfarbig, auf die Petits fours spritzen. • Die weißen Petits fours mit den kandierten Veilchen, die rosa mit den Silberperlen belegen.

Unser Tip: Fertige Fondant-Glasuren gibt es in Vanille-, Zitronen- und Schokoladengeschmack auch in der Tube zu kaufen.

Feines Teegebäck

Klassisches zur traditionellen Teestunde,
Berühmtes und Beliebtes für alle,
die süße Knabbereien lieben

Echt englisches Teegebäck

Beide aus Mürbeteig, auch wenn die Bezeichnung einmal »biscuits« ist

Shortbread fingers

im Bild links

Zutaten für 40 Stück:
300 g Butter
200 g Zucker
2 Prisen Salz
500 g Mehl
150 g feiner Zucker
Für das Backblech: Backpapier

Gelingt leicht
Braucht etwas Zeit

Pro Stück etwa:
570 kJ/140 kcal · 1 g Eiweiß
6 g Fett · 18 g Kohlenhydrate

Vorbereitungszeit: 30 Minuten
Ruhezeit: 2 Stunden
Backzeit pro Blech: 20 Minuten

Die Butter in Stücke schneiden und in einer Schüssel in heißes Wasser stellen, damit sie weich wird. • Den Zucker und das Salz mit der Butter schaumig rühren. • Das Mehl über die Buttermasse sieben und alle Zutaten rasch zu einem Teig verkneten. • Den Teig in Folie wickeln und 2 Stunden im Kühlschrank ruhen lassen. • Den Backofen auf 190° vorheizen. Das Backblech mit Backpapier auslegen. • Den Mürbeteig auf einer leicht bemehlten Arbeitsfläche 1½ cm dick ausrollen, auf das Backblech legen und die Oberfläche mit einer Gabel mehrmals einstechen. • Den Teig auf der mittleren Schiene in etwa 20 Minuten goldgelb backen. • Den Kuchen noch heiß auf dem Backblech in 2½ × 7 cm lange Streifen schneiden. • Den feinen Zucker auf eine Platte streuen, die Shortbread fingers darin wenden und auf einem Kuchengitter abkühlen lassen.

Shrewsbury biscuits

im Bild rechts

Zutaten für 90 Stück:
440 g Mehl
150 g Zucker
2 Eier
je 1 Messerspitze Salz und Zimtpulver
200 g Butter
Für das Backblech: Backpapier

Gelingt leicht
Braucht etwas Zeit

Pro Stück etwa:
180 kJ/43 kcal · 1 g Eiweiß
2 g Fett · 5 g Kohlenhydrate

Vorbereitungszeit: 30 Minuten
Ruhezeit: 2 Stunden
Backzeit pro Blech: 15 Minuten

Das Mehl auf eine Arbeitsfläche sieben, in die Mitte eine Mulde drücken und den Zucker mit den Eiern hineingeben. • Das Salz und den Zimt auf das Mehl streuen. • Die Butter in Flöckchen auf den Mehlrand schneiden und alle Zutaten rasch zu einem Mürbeteig verkneten. • Den Teig in Folie wickeln und 2 Stunden im Kühlschrank ruhen lassen. • Den Backofen auf 200° vorheizen. Das Backblech mit Backpapier auslegen. • Den Teig auf einer leicht bemehlten Arbeitsfläche knapp 1 cm dick ausrollen und Plätzchen von 5 cm Durchmesser ausstechen. • Die Plätzchen auf das Backblech legen und in etwa 15 Minuten auf der mittleren Schiene goldbraun backen. • Die Shrewsbury biscuits auf einem Kuchengitter abkühlen lassen.

Unser Tip: Beide Arten von Teegebäck lassen sich in einer verschlossenen Blechdose an einem kühlen Ort etwa 3 Wochen aufbewahren.

Kleine »Zubrötchen« zum high tea

Gebäck aus Hefeteig und Blätterteig, am besten frisch serviert

Sesam-Öhrchen

im Bild links

Zutaten für 24 Stück:
- 3 rechteckige tiefgefrorene Platten Blätterteig
- 2 Eßl. Sesamsamen
- 2 Eßl. flüssiger Honig

Schnell • Preiswert

Pro Stück etwa:
280 kJ/65 kcal · 1 g Eiweiß
4 g Fett · 7 g Kohlenhydrate

Vorbereitungszeit: 30 Minuten
Backzeit: 12 Minuten

Die Teigplatten aus der Verpackung nehmen und bei Raumtemperatur auftauen lassen. • Die Sesamsamen in einer trockenen Pfanne unter ständigem Umwenden rösten, bis sie dunkler werden und angenehm duften. • Den Backofen auf 200° vorheizen. Das Backblech kalt abspülen und nicht abtrocknen. • Die aufgetauten Teigplatten dünn mit Honig bestreichen und die Sesamsamen darüber streuen. Die Platten von beiden Schmalseiten her zur Mitte hin fest aufrollen. Dort, wo die Rollen zusammentreffen, etwas Honig aufstreichen und beide Rollen aneinanderdrücken. • Die Doppelrollen in etwa 8 mm dicke Scheiben schneiden, auf das feuchte Backblech legen, etwas in Form drücken und auf der mittleren Schiene in etwa 12 Minuten goldgelb backen und sofort vom Blech nehmen. • Die Sesam-Öhrchen möglichst frisch servieren.

Bath buns

im Bild rechts

Zutaten für 32 Stück:
- 400 g Mehl
- 30 g Hefe
- ⅛ l lauwarme Milch
- je 50 g Orangeat und Zitronat
- 50 g Rosinen
- 125 g Butter
- 2 Eier
- 50 g Zucker
- je 1 Messerspitze Salz und gemahlener Kümmel
- abgeriebene Schale von ½ ungespritzten Zitrone
- 1 Eigelb
- 50 g Hagelzucker
- Für das Backblech: Backpapier

Spezialität aus England
Braucht etwas Zeit

Pro Stück etwa:
520 kJ/120 kcal · 3 g Eiweiß
7 g Fett · 16 g Kohlenhydrate

Vorbereitungszeit: 40 Minuten
Ruhezeit: 1¾ Stunden
Backzeit pro Blech: 15 Minuten

Das Mehl in eine Schüssel sieben und in die Mitte eine Mulde drücken. Die zerbröckelte Hefe darin mit wenig Mehl und Milch zu einem Vorteig verrühren und diesen zugedeckt 25 Minuten gehen lassen. • Das Orangeat und das Zitronat sehr klein würfeln. • Die Rosinen heiß waschen und abtropfen lassen. • Die Butter in Stückchen schneiden und mit den Eiern, dem Zucker, dem Salz, dem Kümmel und der Zitronenschale mit dem Vorteig und dem gesamten Mehl verkneten. • Den Hefeteig zugedeckt 1 Stunde gehen lassen. • Das Orangeat, das Zitronat und die Rosinen unter den Teig kneten, diesen in 32 gleich große Stücke teilen und daraus kleine Brötchen formen. • Das Backblech mit Backpapier auslegen und die Brötchen daraufgeben. • Das Eigelb mit 2 Eßlöffeln Wasser verquirlen, die Brötchen damit bestreichen und mit dem Hagelzucker bestreuen. Die Brötchen noch einmal 20 Minuten zugedeckt gehen lassen. • Den Backofen auf 200° vorheizen. Die Bath buns auf der mittleren Schiene in etwa 15 Minuten goldgelb backen. • Das Gebäck abkühlen lassen.

Marquesitas de naranja

Diese Orangenschnitten zeigen, was man in Spanien zum Tee liebt

Zutaten für 45 Stück:
250 g Mehl · 1 Teel. Backpulver
70 g Zucker · 1 Ei
125 g Butter
100 g sehr fein gehackte Mandeln · 25 g Kokosflocken
abgeriebene Schale und Saft von 1 ungespritzten Orange
100 g Puderzucker
3 Eßl. Blutorangensaft
Für das Backblech: Backpapier

Spezialität aus Spanien
Gelingt leicht

Pro Stück etwa:
320 kJ/76 kcal · 1 g Eiweiß
4 g Fett · 9 g Kohlenhydrate

Vorbereitungszeit: 45 Minuten
Ruhezeit: 30 Minuten
Backzeit: 20 Minuten
Fertigstellung: 20 Minuten

Das Mehl mit dem Backpulver und dem Zucker mischen und in die Mitte eine Mulde drükken. • Das Ei hineingeben. Die Butter in Flöckchen auf den Mehlrand schneiden und alle Zutaten verkneten. • Den Teig in Folie wickeln und 30 Minuten kühl stellen. • Die Mandeln mit den Kokosflocken und der Orangenschale mischen. So viel vom Orangensaft unterrühren, daß eine streichfähige Masse entsteht. • Den Backofen auf 200° vorheizen. Das Backblech mit Backpapier auslegen. • Den Teig halbieren und zwei Platten von 30 × 30 cm ausrollen. • Eine Platte auf das Backblech legen und mit der Mandelmischung bestreichen. Die zweite Platte darauf legen, die Ränder gut festdrücken und die Oberfläche mit einer Gabel mehrmals einstechen. • Den Kuchen auf der mittleren Schiene in etwa 20 Minuten goldgelb backen. • Den noch heißen Kuchen in Streifen von 2 × 5 cm schneiden. • Den Puderzucker mit dem Blutorangensaft zu einer streichfähigen Glasur verrühren. Die Schnitten damit bestreichen.

Geflochtene Rumkränzchen

Sie machen etwas Mühe, sehen aber reizvoll aus und schmecken köstlich

Zutaten für 35 Stück:
300 g Mehl
100 g Blockschokolade
1 Prise Salz
100 g Puderzucker
150 g Butter
1 Ei · 2 Eßl. Rum
50 g gehackte Pistazien
Zum Bestreichen: 1 Eigelb
Für das Backblech: Butter

Etwas schwierig
Braucht etwas Zeit

Pro Stück etwa:
470 kJ/110 kcal · 2 g Eiweiß
7 g Fett · 11 g Kohlenhydrate

Vorbereitungszeit: 1 Stunde
Ruhezeit: 1 Stunde
Backzeit pro Blech: 15 Minuten

Das Mehl auf eine Arbeitsfläche sieben. • Die Schokolade fein reiben und mit dem Salz, dem Puderzucker, der Butter in Flöckchen, dem Ei und dem Rum zum Mehl geben. Alle Zutaten zu einem geschmeidigen Mürbeteig verkneten. Den Teig in Folie wikkeln und 1 Stunde im Kühlschrank ruhen lassen. • Den Backofen auf 200° vorheizen. Das Backblech mit Butter bestreichen. • Den Mürbeteig portionsweise zu 15 cm langen, bleistiftdünnen Rollen formen und je 2 Rollen zu Kränzchen umeinanderwinden. Die Enden zusammendrücken. • Die Pistazien auf eine Platte schütten. Das Eigelb mit 1 Teelöffel Wasser verquirlen. • Die Kränzchen mit dem Eigelb bestreichen, mit der Oberseite leicht in die Pistazien drücken und auf dem Backblech auf der mittleren Schiene etwa 15 Minuten backen. • Die Kränzchen mit einem Spatel vom Blech heben und auf einem Kuchengitter abkühlen lassen.

Unser Tip: Die Kränzchen schmecken auch mit Amarettolikör und zerbröselten Mandelblättchen.

Berühmtes Gebäck aus zartem Teig

Wenn die echten Madeleineförmchen fehlen, nehmen Sie sehr kleine Papierbackförmchen

Madeleines

im Bild links

Zutaten für 40 Stück:
250 g geschmeidige Butter
abgeriebene Schale von
1 ungespritzten Zitrone
250 g feiner Zucker
250 g Mehl
6 Eier
eventuell etwas Puderzucker
Für die Förmchen: Butterschmalz

Spezialität aus Frankreich
Etwas teurer

Pro Stück etwa:
490 kJ/120 kcal · 3 g Eiweiß
7 g Fett · 11 g Kohlenhydrate

Zubereitungszeit: 45 Minuten
Backzeit pro Blech: 10 Minuten

Die Butter mit der Zitronenschale und der Hälfte des Zuckers schaumig rühren. • Das Mehl in eine Schüssel sieben. • Die Eier mit dem restlichen Zucker weißschaumig rühren. Eßlöffelweise jeweils das Mehl und die Buttermischung untermengen. • Den Backofen auf 220° vorheizen. Das Butterschmalz zerlassen und die Förmchen gründlich damit ausstreichen. • Die Förmchen zu zwei Dritteln mit dem Teig füllen und die Madeleines auf der mittleren Schiene in etwa 10 Minuten goldgelb backen. • Das Gebäck in den Förmchen kurz abkühlen lassen, dann auf ein Kuchengitter stürzen. • Nach Belieben die Madeleines noch mit etwas Puderzucker besieben.

Katzenzungen

im Bild rechts

Zutaten für 40 Stück:
4 Eier
200 g Puderzucker
1 Vanilleschote
100 g Butter
250 g Mehl
40 g Mandelblättchen
100 g Zartbitter-Kuvertüre
Für das Backblech: Backpapier

Etwas schwierig

Pro Stück etwa:
400 kJ/100 kcal · 3 g Eiweiß
4 g Fett · 11 g Kohlenhydrate

Vorbereitungszeit: 50 Minuten
Backzeit pro Blech: 12 Minuten
Fertigstellung: 15 Minuten

Den Backofen auf 190° vorheizen. Das Backblech mit Backpapier auslegen. • Die Eier mit dem gesiebten Puderzucker gut schaumig rühren. • Die Vanilleschote längs aufschneiden, das Mark herausschaben und in die Eiercreme geben. • Die Butter zerlassen und wieder abkühlen lassen. Das Mehl und die Butter unter die Eiercreme ziehen. • Den Teig in einen Spritzbeutel mit Lochtülle füllen. Auf das Backblech etwa 8 cm lange Stäbchen spritzen, deren Mitte etwas dünner sein soll als die Enden. Dabei genügend Abstand zwischen den Teigstäbchen lassen, da sie beim Backen etwas breiter werden. • Die Mandelblättchen zerkrümeln. Die Teigstäbchen damit bestreuen und im Backofen auf der mittleren Schiene in etwa 12 Minuten goldgelb backen. • Die Katzenzungen auf einem Kuchengitter abkühlen lassen. • Die Kuvertüre im heißen Wasserbad schmelzen lassen. Die Unterseiten der kalten Katzenzungen mit der Kuvertüre bestreichen und diese auf dem umgedrehten Gebäck trocknen lassen.

Kekse für die Vorratsdose

Sie überzeugen von der Raffinesse der Vollwertküche

Jamaikakekse

im Bild vorne

Zutaten für 45 Stück:
100 g Sultaninen
4 Eßl. Rum
50 g feine Kokosflocken
100 g Weizen-Vollkornmehl
100 g fein gemahlene Hirse
1 Teel. Weinstein-Backpulver
1 Eßl. abgeriebene Schale von
1 ungespritzten Orange
50 g weiche Butter
3½ Eßl. Honig · 1 Ei
0,1 l Sahne
Zum Wenden:
30 g feine Kokosflocken
Für das Backblech: Butter

Vollwertrezept

Pro Stück etwa:
240 kJ/57 kcal · 1 g Eiweiß
2 g Fett · 7 g Kohlenhydrate

Vorbereitungszeit: 45 Minuten
Ruhezeit: 2 Stunden
Backzeit pro Blech: 10 Minuten

Die Sultaninen heiß waschen, gut abtropfen lassen, fein hacken und mit dem Rum beträufeln. Die Kokosflocken darüber streuen und alles zugedeckt 1 Stunde quellen lassen. • Beide Mehlsorten mit dem Backpulver und der Orangenschale mischen. • Die Butter mit dem Honig schaumig rühren. Nach und nach die Mehlmischung, das Ei, die Sahne und die gequollenen Zutaten unterrühren. • Den Teig zugedeckt 1 Stunde ruhen lassen. • Den Backofen auf 200° vorheizen. Das Backblech mit Butter bestreichen. • Die Kokosflocken auf eine Platte schütten. • Aus dem Teig walnußgroße Kugeln formen, diese in den Kokosflocken wenden und auf der mittleren Schiene in etwa 15 Minuten goldbraun backen. • Die Kekse auf einem Kuchengitter abkühlen lassen.

Friesenkekse

im Bild hinten

Zutaten für 50 Stück:
400 g Weizen-Vollkornmehl
2 Teel. Weinstein-Backpulver
½ Teel. gemahlene Vanille
100 g Zuckerrohrgranulat
200 g kalte Butter
4 Eßl. Rum · 1 Eßl. Honig
1 Eßl. Kakaopulver
Zum Wenden:
20 g Zuckerrohrgranulat
Für das Backblech: Butter

Vollwertrezept
Gelingt leicht

Pro Stück etwa:
280 kJ/67 kcal · 1 g Eiweiß
4 g Fett · 8 g Kohlenhydrate

Vorbereitungszeit: 25 Minuten
Ruhezeit: 1–2 Stunden
Backzeit pro Blech: 15 Minuten

Das Mehl mit dem Backpulver, der Vanille und dem Zuckerrohrgranulat auf einer Arbeitsfläche mischen. • Die Butter in Flöckchen darüber schneiden, den Rum dazugeben und alles zu einem glatten Teig verkneten. • Den Teig halbieren. Unter eine Hälfte den Honig und den Kakao mischen. 2 Rollen von je 3 cm Durchmesser formen. Die Rollen rundherum in das Zuckerrohrgranulat drücken, in Folie wickeln und 1 Stunde im Gefriergerät oder 2 Stunden im Eiswürfelfach ruhen lassen. • Den Backofen auf 190° vorheizen. Das Backblech mit Butter bestreichen. • Die Teigrollen in gut ½ cm dicke Scheiben schneiden und auf der mittleren Schiene in etwa 15 Minuten goldbraun backen. • Die Kekse 5 Minuten auf dem Backblech, dann auf einem Kuchengitter abkühlen lassen.

Heidesand und Hirsesand, einfach märchenhaft

Einmal aus der Vollwertküche, einmal aus Großmutters Backbuch

Hirsesand

im Bild vorne

Zutaten für 40 Stück:
150 g Weizen-Vollkornmehl
100 g fein gemahlene Hirse
½ Teel. gemahlene Vanille
180 g weiche Butter
80 g Zuckerrohrgranulat
2 Eigelbe
2 Eßl. Rum
Für das Backblech: Butter

Vollwertrezept
Gelingt leicht

Pro Stück etwa:
340 kJ/81 kcal · 2 g Eiweiß
6 g Fett · 6 g Kohlenhydrate

Vorbereitungszeit: 45 Minuten
Ruhezeit: 20 Minuten
Backzeit pro Blech: 10 Minuten

Das Weizenmehl und das Hirsemehl mit der Vanille mischen. • Die Butter mit dem Zuckerrohrgranulat schaumig rühren. Nach und nach die Eigelbe, den Rum und die Mehlmischung daruntermengen und zuletzt gut durchkneten. • Den Teig zugedeckt 20 Minuten ruhen lassen. • Den Backofen auf 200° vorheizen. Das Backblech mit Butter bestreichen. • Aus dem Teig Kugeln in der Größe kleiner Walnüsse formen, auf das Backblech legen und auf der mittleren Schiene in etwa 10 Minuten hellgoldbraun backen. • Die Plätzchen auf einem Kuchengitter abkühlen lassen.

Unser Tip: Beide Sorten von Sandplätzchen lassen sich gut in einer Blechdose an einem kühlen Ort aufbewahren.

Heidesand

im Bild hinten

Zutaten für 60 Stück:
200 g Butter
150 g feiner Zucker
2 Eßl. Vanillezucker
250 g Mehl
1–2 Eßl. Milch
Für das Backblech: Backpapier

Braucht etwas Zeit
Etwas schwierig

Pro Stück etwa:
210 kJ/50 kcal · 0 g Eiweiß
3 g Fett · 6 g Kohlenhydrate

Vorbereitungszeit: 1 Stunde
Ruhezeit: 12 Stunden
Backzeit pro Blech: 15 Minuten

Die Butter bei schwacher Hitze schmelzen und leicht bräunen lassen. Dann in eine Schüssel schütten und erkalten lassen. • Die Butter mit dem Zucker und dem Vanillezucker schaumig rühren. • Das Mehl über die Buttermasse sieben und unterkneten; wenn nötig, 1 bis 2 Eßlöffel Milch zum Teig geben. • Den Teig zu Rollen von etwa 3 cm Durchmesser formen, in Folie wickeln und 12 Stunden im Kühlschrank ruhen lassen. • Den Backofen auf 180° vorheizen. Das Backblech mit Backpapier auslegen. • Die Rollen in 1 cm dicke Scheiben schneiden, mit genügend Abstand voneinander auf das Backblech legen und auf der mittleren Schiene in etwa 15 Minuten hellgelb backen. • Die heißen Plätzchen mit einem Spatel vom Blech heben und auf einem Kuchengitter abkühlen lassen.

Honig-Süßes für die blaue Stunde

Fantasievolle Mischungen, das Richtige zu duftendem Tee

Honig-Karamel-Brötchen

im Bild links

Zutaten für 40 Stück:
5 Eßl. Honig
½ Teel. gemahlene Vanille
0,2 l Sahne
100 g Butter
250 g Weizen-Vollkornmehl
1 Teel. Weinstein-Backpulver
1 Ei
Für das Backblech: Butter

Vollwertrezept
Gelingt leicht

Pro Stück etwa:
260 kJ/62 kcal · 1 g Eiweiß
4 g Fett · 5 g Kohlenhydrate

Vorbereitungszeit: 40 Minuten
Ruhezeit: 1 Stunde
Backzeit pro Blech: 15 Minuten

Den Honig mit der Vanille unter ständigem Umrühren 5 Minuten sprudelnd kochen lassen. • Nach und nach die Sahne unterrühren und alles weitere 5 Minuten sprudelnd kochen lassen. • Die Butter hinzufügen und den Topf gleich vom Herd nehmen. Während die Butter schmilzt und die Masse abkühlt, ab und zu umrühren. • Das Mehl mit dem Backpulver mischen und zusammen mit dem Ei gründlich unter die abgekühlte Karamelmasse mengen. • Den Teig zugedeckt 1 Stunde ruhen lassen. • Den Backofen auf 200° vorheizen. Das Backblech mit Butter ausstreichen. • Vom Teig mit zwei Teelöffeln kleine Häufchen abstechen und mit genügend Abstand voneinander auf das Backblech setzen. • Die Brötchen auf der mittleren Schiene in etwa 15 Minuten goldbraun backen. • Die Brötchen auf einem Kuchengitter abkühlen lassen.

Unser Tip: Am besten schmecken die Brötchen, wenn sie etwa 8 Tage in einer Blechdose gut verschlossen »durchziehen« können.

Vanillekugeln

im Bild rechts

Zutaten für 50 Stück:
250 g Weizen-Vollkornmehl
1 Teel. Weinstein-Backpulver
3 Messerspitzen gemahlene Vanille
100 g weiche Butter
3½ Eßl. flüssiger Blütenhonig
3 Eigelbe
Für das Backblech: Butter

Vollwertrezept
Gelingt leicht

Pro Stück etwa:
230 kJ/55 kcal · 2 g Eiweiß
4 g Fett · 4 g Kohlenhydrate

Vorbereitungszeit: 40 Minuten
Ruhezeit: 30 Minuten
Backzeit pro Blech: 10 Minuten

Das Mehl mit dem Backpulver und der Vanille mischen. • Die Butter mit dem Honig schaumig rühren. • Nach und nach die Mehlmischung und die Eigelbe unter die Honig-Butter-Masse mengen. Den Teig zugedeckt etwa 30 Minuten ruhen lassen. • Den Backofen auf 200° vorheizen. Das Backblech mit Butter bestreichen. • Aus dem Teig Kugeln in der Größe kleiner Walnüsse formen, auf dem Backblech verteilen und auf der mittleren Schiene in etwa 10 Minuten hellgoldgelb backen. • Die Vanillekugeln dann auf einem Kuchengitter abkühlen lassen.

Süße Mini-Brötchen zum Verwöhnen

Sie sollten wirklich sehr klein ausfallen, sonst sind sie zum Tee zu mächtig

Früchtebrötchen

im Bild links

Zutaten für 40 Stück:
- je 50 g Rosinen, getrocknete Aprikosen und Haselnußkerne
- 3 Eßl. Rum
- 125 g weiche Butter
- 125 g Zucker
- 2 Eier · 250 g Mehl
- je 1 Messerspitze Backpulver und Zimtpulver
- 1 Prise Salz · 125 g Puderzucker
- 1 Eßl. Zitronensaft
- Für das Backblech: Backpapier

Schnell • Gelingt leicht

Pro Stück etwa:
400 kJ/95 kcal · 2 g Eiweiß
4 g Fett · 13 g Kohlenhydrate

Vorbereitungszeit: 40 Minuten
Backzeit pro Blech: 15 Minuten
Fertigstellung: 15 Minuten

Die Rosinen und die Aprikosen heiß waschen, abtropfen lassen und trockentupfen. • Die Aprikosen klein würfeln, die Haselnüsse hacken. • Die Früchte und die Nüsse mit dem Rum mischen und zugedeckt beiseite stellen. • Die Butter mit dem Zucker schaumig rühren. Nach und nach die Eier, das Mehl mit dem Backpulver, dem Zimt und dem Salz hinzufügen und alles mit dem Rührlöffel etwa 10 Minuten oder mit dem elektrischen Rührgerät auf kleiner Schaltstufe 4 Minuten verrühren. Zuletzt die Fruchtmischung untermengen. • Den Backofen auf 200° vorheizen. Das Backblech mit Backpapier auslegen. • Von dem Teig mit zwei Teelöffeln 40 kleine Häufchen auf das Backblech setzen und auf der mittleren Schiene in etwa 15 Minuten goldgelb backen. • Den Puderzucker sieben und mit dem Zitronensaft und einigen Tropfen Wasser zu einer dickflüssigen Glasur verrühren. • Die Früchtebrötchen vom Blech heben, auf ein Kuchengitter legen und noch warm mit der Glasur verzieren.

Teebrötchen

im Bild rechts

Zutaten für 32 Stück:
- 100 g Korinthen
- 150 g Butter
- 100 g Zucker
- 1 Teel. Vanillezucker
- 2 Eier
- 0,1 l Milch
- 250 g Mehl
- 1 Teel. Zimtpulver
- 2 Teel. Backpulver
- 1 Prise Salz
- 32 Papier-Backförmchen von etwa 3 cm Durchmesser
- eventuell etwas Puderzucker

Preiswert • Gelingt leicht

Pro Stück etwa:
400 kJ/95 kcal · 2 g Eiweiß
5 g Fett · 11 g Kohlenhydrate

Vorbereitungszeit: 40 Minuten
Backzeit pro Blech: 20 Minuten

Die Korinthen gründlich heiß waschen und gut abtropfen lassen. • Die Butter mit dem Zukker und dem Vanillezucker schaumig rühren. • Nach und nach die Eier und die Milch unter die Butter-Zucker-Masse mengen. • Den Backofen auf 200° vorheizen. • Das Mehl mit dem Zimt und dem Backpulver über die Buttermasse sieben, das Salz darauf streuen und alles zu einem Teig verrühren. Zuletzt die Korinthen unter den Teig heben. • Die Papier-Backförmchen auf das Backblech stellen und zu zwei Dritteln mit Teig füllen. Die Brötchen auf der mittleren Schiene in etwa 20 Minuten goldgelb backen. • Die Brötchen auf einem Kuchengitter etwas abkühlen lassen und möglichst frisch servieren. Die Brötchen nach Wunsch mit Puderzukker bestäuben.

Plätzchen mit leicht orientalischer Würze

Wir haben die Gewürze mäßig dosiert. Schmecken Sie den Teig nach Ihrem Geschmack ab

Feine Ingwerkugeln

im Bild vorne

Zutaten für 100 Stück:
250 g Butter
200 g feiner Zucker
½-1 Teel. gemahlener Ingwer
2 Eier
2 Eßl. Rum
500 g Mehl
1 Teel. Backpulver
100 g kandierter Ingwer
Für das Backblech: Backpapier

Spezialität • Etwas teurer

Pro Stück etwa:
200 kJ/48 kcal · 1 g Eiweiß
3 g Fett · 8 g Kohlenhydrate

Vorbereitungszeit: 1 Stunde
Backzeit pro Blech: 12 Minuten

Die Butter in kleine Stücke schneiden und in eine Rührschüssel geben. Die Schüssel in heißes Wasser stellen, damit die Butter geschmeidig wird. • Die Butter mit dem Zucker, dem gemahlenen Ingwer, den Eiern und dem Rum schaumig rühren. • Das Mehl mit dem Backpulver über die Schaummasse sieben und unterkneten. • Den Backofen auf 200° vorheizen. Das Backblech mit Backpapier auslegen. • Den kandierten Ingwer in knapp 1 cm große Würfel schneiden. • Vom Teig walnußgroße Kugeln formen, in jede Kugel 1 Ingwerwürfel drücken und die Kugeln mit genügend Abstand voneinander auf das Backblech legen. Die Kugeln auf der mittleren Schiene in etwa 12 Minuten hellgelb backen. • Die Ingwerkugeln auf einem Kuchengitter kalt werden lassen und möglichst frisch servieren.

Gewürzplätzchen

im Bild hinten

Zutaten für 30 Stück:
2 Eier
100 g Zucker
2 Eßl. Rum
je 1 Teel. frisch gemahlener
Kardamom, gemahlene
Gewürznelken und Zimtpulver
150 g Mehl
Für das Backblech:
reichlich Butter

Preiswert • Schnell

Pro Stück etwa:
200 kJ/48 kcal · 1 g Eiweiß
1 g Fett · 7 g Kohlenhydrate

Vorbereitungszeit: 30 Minuten
Backzeit: 15 – 20 Minuten

Den Backofen auf 210° vorheizen. Das Backblech zur Hälfte großzügig mit Butter bestreichen. • Die Eier mit dem Zucker, dem Rum und den Gewürzen weißschaumig rühren; das dauert mit dem Schneebesen gut 10 Minuten, mit dem elektrischen Rührgerät etwa 5 Minuten. • Das Mehl über die Schaummasse sieben und mit einem Rührlöffel unterheben. • Den Teig mit einem nassen Teigschaber auf das gefettete Stück des Backblechs streichen und auf der mittleren Schiene 10 Minuten backen. • Den Teig dann aus dem Backofen nehmen, in 3 × 5 cm große Rechtecke schneiden, zurück in den Backofen geben und noch so lange backen, bis die Oberfläche kräftig gebräunt ist. • Die Gewürzplätzchen dann auf einem Kuchengitter abkühlen lassen. Nach Belieben mit etwas Puderzucker bestäuben.

Köstliche Kreationen mit Haferflocken

Haferflocken können Mehl teilweise oder auch völlig ersetzen

Schottische Haferplätzchen

im Bild vorne

Zutaten für 30 Stück:
- 125 g weiche Butter
- 125 g Zuckerrohrgranulat
- 1 Prise Salz
- je 100 g feine und grobe Haferflocken
- 1 Teel. Backpulver
- 2 Eßl. Amarettolikör
- Für das Backblech: Butter

Spezialität • Schnell

Pro Stück etwa:
310 kJ/73 kcal · 1 g Eiweiß
3 g Fett · 6 g Kohlenhydrate

Vorbereitungszeit: 20 Minuten
Backzeit: 12 Minuten

Die Butter mit dem Zuckerrohrgranulat und dem Salz in einem Topf unter ständigem Umrühren zerlassen. • Beide Haferflockensorten mit dem Backpulver und dem Likör unter die Butter-Zucker-Mischung mengen und den Topf vom Herd nehmen. • Den Backofen auf 200° vorheizen. Das Backblech mit Butter ausstreichen. • Den Teig mit einem feuchten Teigschaber auf dem Backblech etwa 1 cm dick zu einem Rechteck verstreichen und auf der mittleren Schiene in etwa 12 Minuten hellgelb backen. • Den Kuchen auf dem Blech abkühlen lassen, in 30 gleich große Rauten schneiden und diese auf einem Kuchengitter kalt werden lassen. • Die schottischen Haferplätzchen sollten frisch verzehrt werden.

Unser Tip: Amaretto ist ein italienischer Mandellikör von durchschnittlich 28 % Vol., der Plätzchen, Konfekt und Desserts einen aromatischen, zartbitteren Geschmack vermittelt.

Haferflocken-Mandel-Plätzchen

im Bild hinten

Zutaten für 45 Stück:
- 125 g Butter
- 100 g Zucker
- 2 Eier
- 100 g abgezogene, klein gehackte Mandeln
- 130 g Haferflocken
- 100 g Mehl
- 2 Eßl. Rum
- 100 g kandierte Orangenscheiben
- Für das Backblech: Backpapier

Gelingt leicht

Pro Stück etwa:
320 kJ/76 kcal · 2 g Eiweiß
6 g Fett · 7 g Kohlenhydrate

Vorbereitungszeit: 1 Stunde
Backzeit pro Blech: 12 Minuten

Die Butter in Stücke schneiden, in eine Schüssel geben und in heißes Wasser stellen, damit sie weich wird. • Den Zucker und die Eier mit der Butter gut schaumig rühren. • Die Mandeln, die Haferflocken, das Mehl und den Rum mit der Buttermasse zu einem formbaren Teig verrühren. Wenn nötig, noch 1 bis 2 Eßlöffel Haferflocken unterkneten. • Den Backofen auf 190° vorheizen. Das Backblech mit Backpapier auslegen. • Die Orangenscheiben in 3 cm lange, dünne Streifen schneiden. • Mit zwei Teelöffeln kleine Häufchen vom Teig abstechen und mit genügend Abstand voneinander auf das Backblech setzen. Auf jedes Plätzchen ein Kreuz aus Orangenstreifen legen. • Die Plätzchen auf der mittleren Schiene in etwa 12 Minuten goldgelb backen. • Die fertigen Plätzchen auf einem Kuchengitter abkühlen lassen. Dann möglichst frisch servieren.

Wohlschmeckende Törtchen für Genießer

Die Förmchen sollen einen Durchmesser von etwa 5 cm haben

Ingwertörtchen

im Bild links

Zutaten für 20 Stück:
150 g weiche Butter
100 g Zucker
1 Eßl. Vanillezucker
1 Prise Salz · 4 Eier
100 g zartbittere Schokolade
30 g fein gehackter, in Sirup eingelegter Ingwer
3 Eßl. Ingwersirup
200 g Mehl
1 gehäufter Teel. Backpulver
Zum Bestreichen und Bestreuen:
150 g Puderzucker
3 Eßl. Ingwersirup
2 Eßl. Whisky
1 Eßl. Zitronensaft
1 Eßl. zerlassenes Kokosfett
3 Eßl. fein gehackter, in Sirup eingelegter Ingwer
20 Papier-Backförmchen

Gelingt leicht
Etwas teurer

Pro Stück etwa:
950 kJ/230 kcal · 4 g Eiweiß
11 g Fett · 28 g Kohlenhydrate

Vorbereitungszeit: 40 Minuten
Backzeit: 20 Minuten
Fertigstellung: 15 Minuten

Den Backofen auf 180° vorheizen. • Die Butter mit dem Zucker, dem Vanillezucker und dem Salz schaumig rühren. Die Eier untermischen. • Die Schokolade fein reiben, mit dem Ingwer und dem Sirup unter die Schaummasse ziehen. • Das Mehl mit dem Backpulver darüber sieben und unterheben. • Die Papierförmchen knapp zur Hälfte mit dem Teig füllen und die Törtchen auf der mittleren Schiene in etwa 20 Minuten goldbraun backen. • Den Puderzucker sieben und mit dem Ingwersirup, dem Whisky, dem Zitronensaft und dem Kokosfett verrühren. Die abgekühlten Törtchen damit bestreichen und mit dem kandierten Ingwer verzieren.

Mandarinentörtchen

im Bild rechts

Zutaten für 25 Stück:
250 g Mandarinen
300 g weiche Butter
150 g Zucker · 5 Eier
abgeriebene Schale von 1 ungespritzten Zitrone
2 Eßl. Orangenlikör
200 g Mehl
100 g Speisestärke
2 Teel. Backpulver
Für die Glasur:
150 g Puderzucker
1 Eßl. Kakaopulver
3–4 Eßl. Orangenlikör
25 Papier-Backförmchen

Gelingt leicht • Preiswert

Pro Stück etwa:
900 kJ/210 kcal · 4 g Eiweiß
12 g Fett · 21 g Kohlenhydrate

Vorbereitungszeit: 45 Minuten
Backzeit: 20 Minuten
Fertigstellung: 10 Minuten

Die Mandarinen schälen und filetieren; dazu die Fruchtspalten mit einem spitzen, dünnen Messer aus den feinen Häutchen lösen. • Den Backofen auf 180° vorheizen. • Die Butter mit dem Zucker schaumig rühren. Nach und nach die Eier, die Zitronenschale und den Likör untermischen. • Das Mehl mit der Speisestärke und dem Backpulver über die Schaummasse sieben und unterziehen. Die Mandarinenspalten unter den Teig heben. • Die Förmchen knapp zur Hälfte mit dem Teig füllen und die Törtchen auf der mittleren Schiene im Backofen in etwa 20 Minuten goldbraun backen. • Den Puderzucker mit dem Kakaopulver sieben und so viel vom Orangenlikör unter das Zuckergemisch rühren, daß eine dickflüssige Glasur entsteht. Die abgekühlten Törtchen mit der Glasur verzieren.

Plätzchen, die wenig Mühe machen

Einfaches Gebäck von überraschendem Wohlgeschmack

Schweizer Rosinenhöckerli

im Bild vorne links

Zutaten für 60 Stück:
100 g Butter
150 g Rosinen
100 g Zucker
2 Eier
abgeriebene Schale von
1 ungespritzten Zitrone
300 g Mehl
100 g Puderzucker
2 Eßl. Zitronensaft
Für das Backblech: Backpapier

Spezialität • Preiswert

Pro Stück etwa:
230 kJ/55 kcal · 1 g Eiweiß
2 g Fett · 9 g Kohlenhydrate

Vorbereitungszeit: 1 Stunde
Backzeit pro Blech: 12 Minuten
Fertigstellung: 15 Minuten

Die Butter in Stücke schneiden und in einer vorgewärmten Schüssel weich werden lassen. • Die Rosinen heiß waschen und abtropfen lassen. • Die Butter mit dem Zucker und den Eiern schaumig rühren, zuletzt die Zitronenschale untermischen. • Die Rosinen mit dem Mehl mischen und nach und nach unter die Schaummasse rühren • Den Backofen auf 200° vorheizen. Das Backblech mit Backpapier auslegen. • Vom Teig mit zwei Teelöffeln kleine Häufchen auf das Backblech setzen. Dabei genügend Abstand halten, da die Plätzchen beim Backen breiter werden. • Die Höckerli auf der mittleren Schiene in etwa 12 Minuten goldbraun backen, dann auf ein Kuchengitter legen. • Den Puderzucker sieben und mit dem Zitronensaft zu einer streichfähigen Glasur verrühren. Die warmen Plätzchen damit bestreichen.

Kartoffelmürbchen

im Bild hinten

Zutaten für 80 Stück:
125 g Butter
1 Ei · 250 g Zucker
250 g gekochte, geschälte Kartoffeln
350 g Mehl
1 Päckchen Backpulver
1 Prise Salz
abgeriebene Schale von
1 ungespritzten Orange
2 Eigelbe
2 Eßl. Orangenlikör
60 g Kokosflocken
Für das Backblech: Backpapier

Preiswert
Braucht etwas Zeit

Pro Stück etwa:
240 kJ/57 kcal · 1 g Eiweiß
2 g Fett · 7 g Kohlenhydrate

Vorbereitungszeit: 1¼ Stunden
Ruhezeit: 3 Stunden
Backzeit pro Blech: 12 Minuten

Die Butter in Stücke schneiden und mit dem Ei und dem Zucker schaumig rühren. • Die Kartoffeln fein raspeln. • Das Mehl mit dem Backpulver über die Buttermasse sieben. Das Salz, die Orangenschale und die Kartoffeln dazugeben und alles verkneten. Den Teig zu Rollen formen, in Folie wickeln und 3 Stunden kühl stellen. • Den Backofen auf 200° vorheizen. Das Backblech mit Backpapier auslegen. • Vom Teig mit bemehlten Händen 80 gleich große Kugeln formen, etwas flach drücken und auf das Backblech legen. • Die Eigelbe mit dem Likör verquirlen, die Plätzchen damit bestreichen und mit den Kokosflocken bestreuen. • Die Mürbchen auf der mittleren Schiene in etwa 12 Minuten goldgelb backen. • Die Kartoffelmürbchen auf einem Kuchengitter abkühlen lassen und möglichst frisch verzehren, da sie sonst an Aroma verlieren.

Schaumzarte Makronen mit Pinien und Mandeln

Der Verwendung von Mandeln und Nüssen sind in der Patisserie kaum Grenzen gesetzt

Pinienmakrönchen

im Bild vorne

Zutaten für 70 Stück:
- 150 g abgezogene, geriebene Mandeln
- 250 g feiner Zucker
- abgeriebene Schale von 1 ungespritzten Orange
- 2 Eiweiße
- 1 kräftige Prise Salz
- 1 Eigelb
- 150 g Pinienkerne
- 70 runde Oblaten von 3 cm Durchmesser

Braucht etwas Zeit
Etwas schwierig

Pro Stück etwa:
190 kJ/45 kcal · 1 g Eiweiß
3 g Fett · 4 g Kohlenhydrate

Vorbereitungszeit: 40 Minuten
Backzeit pro Blech: 50 Minuten

Die geriebenen Mandeln mit dem Zucker und der Orangenschale mischen. • Den Backofen auf 150° vorheizen. • Die Eiweiße mit dem Salz zu sehr steifem Schnee schlagen. Unter ständigem Weiterschlagen die Mandel-Zucker-Mischung einrieseln lassen. • Das Eigelb mit den Pinienkernen unter die Eiweißmasse heben. • Die Oblaten auf dem Backblech verteilen und von der Makronenmasse kleine Häufchen darauf setzen. • Die Makrönchen auf der mittleren Schiene im Backofen mehr trocknen lassen als backen; das dauert gut 50 Minuten. Dabei die Backofentüre mit Hilfe eines hölzernen Kochlöffelstiels einen Spaltbreit offen halten, damit die Feuchtigkeit abziehen kann. • Die Pinienmakrönchen auf einem Kuchengitter abkühlen lassen.

Mandelmakrönchen

im Bild hinten

Zutaten für 90 Stück:
- 500 g ungehäutete Mandeln
- 375 g feiner Zucker
- abgeriebene Schale von 1 ungespritzten Zitrone
- 5 Eiweiße
- 1 Teel. Zitronensaft
- 90 runde Oblaten von 4 cm Durchmesser

Braucht etwas Zeit
Etwas schwierig

Pro Stück etwa:
220 kJ/52 kcal · 2 g Eiweiß
3 g Fett · 5 g Kohlenhydrate

Vorbereitungszeit: 1 Stunde
Backzeit pro Blech: 50 Minuten

Die Mandeln nach Wunsch mit kochendheißem Wasser überbrühen und 3 Minuten darin ziehen lassen. • Die Mandeln dann in einem Sieb kalt abschrekken. Die nun lockere braune Haut von den Mandeln streifen und die Mandeln zum Trocknen auf einem Tuch ausbreiten. • Die Mandeln durch die Mandelmühle drehen oder im Mixer zerkleinern. • Die Mandeln mit dem Zucker und der Zitronenschale mischen. • Den Backofen auf 150° vorheizen. • Die Eiweiße mit dem Zitronensaft zu steifem Schnee schlagen, über das Mandel-Zucker-Gemisch füllen und alles mit einem Rührlöffel locker mischen. • Die Oblaten auf dem Backblech verteilen. Von der Makronenmasse kleine Häufchen auf die Oblaten geben. • Die Makrönchen auf der mittleren Schiene im Backofen in 50 Minuten mehr trocknen lassen als backen. Dabei die Backofentüre mit Hilfe eines hölzernen Kochlöffelstiels einen Spaltbreit offen halten, damit die Feuchtigkeit abziehen kann. • Die Makrönchen dann auf einem Kuchengitter abkühlen lassen.

Hits unter dem feinsten Teegebäck

Sie schmecken so verführerisch, wie ihre Namen klingen

Non plus ultra

Mürbe Plätzchen
im Bild vorne

Zutaten für 70 Stück:
200 g Butter · 250 g Mehl
120 g feiner Zucker
1 Prise Salz
2 Eigelbe · 3 Eiweiße
100 g Aprikosenkonfiture
1 Eßl. Amarettolikör
Für das Backblech: Backpapier

Braucht etwas Zeit
Etwas schwierig

Pro Stück etwa:
210 kJ/50 kcal · 1 g Eiweiß
3 g Fett · 5 g Kohlenhydrate

Vorbereitungszeit: 1 Stunde
Ruhezeit: 1 Stunde
Backzeit pro Blech: 15 Minuten

Die Butter in Flöckchen schneiden. • Das Mehl mit der Butter, 40 g Zucker, dem Salz und den Eigelben rasch zu einem geschmeidigen Teig verkneten. • Den Teig in Folie einwickeln und 1 Stunde im Gemüsefach des Kühlschranks ruhen lassen. • Die Eiweiße zu steifem Schnee schlagen. Nach und nach den übrigen Zucker einrieseln lassen und weiterschlagen, bis der Eischnee glänzt. • Den Backofen auf 175° vorheizen. Das Backblech mit Backpapier auslegen. • Den Teig portionsweise messerrükkendick ausrollen und Plätzchen von 2½ cm Durchmesser ausstechen. • Die Plätzchen auf das Backblech legen. Den Eischnee in einen Spritzbeutel mit kleiner Lochtülle füllen und auf jedes Plätzchen ein kleines Baiserhütchen spritzen. • Die Plätzchen auf der mittleren Schiene in etwa 15 Minuten hellgelb backen. • Die Plätzchen auf dem Blech abkühlen lassen, dann erst auf ein Kuchengitter legen. • Die Konfitüre mit dem Likör verrühren, jeweils die Unterseiten von 2 Plätzchen damit bestreichen und diese zusammensetzen.

Kleine Marokkaner

im Bild hinten

Zutaten für 40 Stück:
120 g ungehäutete Mandeln
60 g Blockschokolade
1 Eßl. Cognac
120 g Puderzucker
2 Eiweiße
Für das Backblech: Backpapier

Etwas schwierig
Braucht etwas Zeit

Pro Stück etwa:
170 kJ/40 kcal · 1 g Eiweiß
2 g Fett · 4 g Kohlenhydrate

Vorbereitungszeit: 55 Minuten
Backzeit pro Blech: 20 Minuten

Die Mandeln mit der Schale durch die Mandelmühle drehen oder im Mixer zerkleinern. • Die Blockschokolade reiben. • Die Mandeln mit der Schokolade und dem Cognac mischen. • Den Puderzucker auf ein Stück Papier sieben. • Die Eiweiße zu steifem Schnee schlagen. Nach und nach den Puderzucker in den Eischnee rieseln lassen und so lange weiterschlagen, bis der Schnee glänzt. 4 Eßlöffel vom Eischnee beiseite stellen. • Den Backofen auf 150° vorheizen. Das Backblech mit Backpapier auslegen. • Den Eischnee über die Mandel-Schokoladen-Masse füllen und mit einem Rührlöffel unterheben. • Vom Teig mit zwei feuchten Teelöffeln Häufchen mit genügend Abstand voneinander auf das Backblech setzen. Jeweils in die Mitte 1 Tupfen vom restlichen Eischnee geben. • Die Marokkaner auf der mittleren Schiene im Backofen 20 Minuten backen; sie sind gar, wenn sich die Unterseite trocken anfühlt. • Die Plätzchen dann mit einem Spatel vom Blech heben und auf einem Kuchengitter abkühlen lassen.

Knuspriges aus Blätterteig

Zum Tee ist Blätterteiggebäck immer willkommen

Streuselecken

im Bild vorne

Zutaten für 120 Stück:
300 g tiefgefrorener Blätterteig (5 Platten)
100 g Mehl
75 g Zucker
1 Messerspitze Zimtpulver
1 Prise Salz
100 g Butter
5 Eßl. Kondensmilch

Braucht etwas Zeit
Etwas schwierig

Pro Stück etwa:
92 kJ/22 kcal · 0 g Eiweiß
1 g Fett · 2 g Kohlenhydrate

Vorbereitungszeit: 1 Stunde
Backzeit pro Blech: 15 Minuten

Den Blätterteig aus der Verpackung nehmen und bei Raumtemperatur auftauen lassen; das dauert etwa 20 Minuten. • Das Mehl mit dem Zucker, dem Zimt und dem Salz in einer Schüssel mischen. Die Butter in Flöckchen über das Mehl schneiden und alle Zutaten rasch mit den Fingern zu Streuseln verarbeiten. • Den Backofen auf 220° vorheizen. Das Backblech kalt abbrausen und nicht abtrocknen. • Den Blätterteig auf einer leicht bemehlten Arbeitsfläche mit einer bemehlten Teigrolle etwa 3 mm dick ausrollen. Die Teigplatten mit einem scharfen Messer in Dreiecke von 3 cm Schenkellänge schneiden. Die Dreiecke mit der Kondensmilch bestreichen und auf das Backblech legen. • Jedes Dreieck gut mit den Streuseln belegen und diese sacht andrücken. • Die Dreiecke auf der mittleren Schiene im Backofen in etwa 15 Minuten goldgelb backen. • Die Streuselecken auf einem Kuchengitter abkühlen lassen.

Krokant-Dukaten

im Bild hinten

Zutaten für 70 Stück:
300 g tiefgefrorener Blätterteig (5 Platten)
75 g zarte Haferflocken
50 g geriebene Mandeln
75 g Zucker
50 g Butter
2 Teel. abgeriebene Schale von 1 ungespritzten Orange
100 g Orangenkonfitüre

Braucht etwas Zeit
Etwas schwierig

Pro Stück etwa:
160 kJ/38 kcal · 1 g Eiweiß
2 g Fett · 4 g Kohlenhydrate

Vorbereitungszeit: 40 Minuten
Backzeit pro Blech: 10 Minuten
Fertigstellung: 40 Minuten

Den Blätterteig aus der Verpackung nehmen und bei Raumtemperatur auftauen lassen; das dauert etwa 20 Minuten. • Den Backofen auf 220° vorheizen. Das Backblech kalt abbrausen und nicht abtrocknen. • Den Blätterteig zusammenkneten und auf einer leicht bemehlten Arbeitsfläche mit einer bemehlten Teigrolle ½ cm dick ausrollen. Kreise von 3 cm Durchmesser ausstechen, auf das Backblech legen und auf der mittleren Schiene in etwa 10 Minuten goldgelb backen. • Die Haferflocken mit den Mandeln, dem Zucker, der Butter und der Orangenschale in einer großen Pfanne bei mittlerer Hitze unter ständigem Umwenden goldbraun braten. Dann auf einer Platte in kleine Krokantstückchen zerteilen und abkühlen lassen. • Die Orangenkonfitüre mit 2 Eßlöffeln Wasser erhitzen und durch ein Sieb streichen. • Die fertigen Dukaten etwas abkühlen lassen, mit der Konfitüre bestreichen und mit dem Krokant bestreuen.

Blätterteig-Schmetterlinge

Soll das Gebäck wirklich Schmetterlingen ähneln, muß man sehr exakt arbeiten

Zutaten für 22 Stück:
300 g tiefgefrorener Blätterteig (5 Platten)
75 g Zucker
1 Eigelb
100 g Aprikosenkonfitüre
50 g Puderzucker

Etwas schwierig
Braucht etwas Zeit

Pro Stück etwa:
420 kJ/100 kcal · 1 g Eiweiß
5 g Fett · 13 g Kohlenhydrate

Vorbereitungszeit: 40 Minuten
Backzeit: 12 Minuten
Fertigstellung: 15 Minuten

Die Blätterteigscheiben aus der Verpackung nehmen und bei Raumtemperatur auftauen lassen. • Die Blätterteigscheiben einzeln mit Zucker bestreuen und zur doppelten Länge ausrollen. Die Scheiben wieder zur ursprünglichen Form zusammenklappen, außen mit Zucker bestreuen und diesen etwas andrükken. • Den Backofen auf 225° vorheizen. Das Backblech kalt abbrausen und nicht abtrocknen. • Das Eigelb mit 1 Eßlöffel Wasser verquirlen und 4 der Teigscheiben längs in der Mitte mit einem Eigelbstreifen versehen. Alle bestrichenen Scheiben so aufeinanderlegen, daß die Eigelbstreifen genau an der gleichen Stelle sind. Die unbestrichene Scheibe darauf legen und das ganze Paket mit einem dicken Kochlöffelstiel längs in der Mitte zusammendrükken. • Das Paket von der Schmalseite her quer in 1 cm breite Streifen schneiden. Jeden Streifen in der Mitte einmal spiralig drehen und auf das Backblech legen. Die feinen seitlichen Streifen sternförmig von der Teigmitte aus wie Flügel ausbreiten. • Die Schmetterlinge auf der mittleren Schiene im Backofen in etwa 12 Minuten goldgelb backen. • Die Konfitüre aufkochen lassen, passieren und die noch warmen Schmetterlinge damit bestreichen. Auf einem Kuchengitter abkühlen lassen und mit dem Puderzucker besieben.

Plätzchen von fein-herbem Geschmack

Mit Spirituosen zart parfümiert, das Richtige zu würzigem Tee

Mandelhalbmonde

im Bild vorne

Zutaten für 50 Stück:
- 100 g abgezogene Mandeln
- 200 g Weizen-Vollkornmehl
- 1 Teel. Weinstein-Backpulver
- 1 Messerspitze gemahlene Vanille
- 150 g weiche Butter
- 50 g Zuckerrohrgranulat
- 4 Eßl. Ahornsirup
- 2 Eßl. Amarettolikör

Zum Bestreuen:
- 50 g abgezogene, fein geriebene Mandeln

Für das Backblech: Butter

Vollwertrezept
Gelingt leicht

Pro Stück etwa:
250 kJ/60 kcal · 1 g Eiweiß
4 g Fett · 4 g Kohlenhydrate

Vorbereitungszeit: 45 Minuten
Ruhezeit: 30 Minuten
Backzeit pro Blech: 15 Minuten

Die Mandeln reiben. • Das Mehl mit dem Backpulver, den Mandeln und der Vanille in einer Schüssel mischen. • Die Butter mit dem Zuckerrohrgranulat schaumig rühren. • Die Mehlmischung abwechselnd mit dem Ahornsirup und dem Likör nach und nach unter die Buttermischung mengen. Den Teig zugedeckt 30 Minuten ruhen lassen. • Den Backofen auf 180° vorheizen. Das Backblech mit Butter bestreichen. • Den Teig auf einer leicht bemehlten Arbeitsfläche etwa ½ cm dick ausrollen und mit einem Schnapsglas oder einem kleinen Ausstechförmchen Halbmonde ausstechen. • Die Halbmonde auf das Backblech legen, mit den Mandeln bestreuen und auf der mittleren Schiene im Backofen in etwa 15 Minuten goldbraun backen. • Das Gebäck auf einem Kuchengitter abkühlen lassen.

Rosinenherzen

im Bild hinten

Zutaten für 60 Stück:
- 50 g Rosinen
- 2 Eßl. Rum
- 250 g Weizen-Vollkornmehl
- 20 g Buchweizenmehl
- 20 g puderfeines Sojamehl
- 80 g Zuckerrohrgranulat
- 2 Teel. Weinstein-Backpulver
- ½ Teel. gemahlene Vanille
- abgeriebene Schale von ½ ungespritzten Orange
- 200 g kalte Butter

Für das Backblech: Butter

Vollwertrezept
Gelingt leicht

Pro Stück etwa:
200 kJ/48 kcal · 1 g Eiweiß
3 g Fett · 5 g Kohlenhydrate

Vorbereitungszeit: 40 Minuten
Quellzeit: 1½ Stunden
Backzeit pro Blech: 15 Minuten

Die Rosinen heiß waschen, abtropfen lassen und grob hacken. Die Rosinen mit dem Rum vermengen und zugedeckt 1 Stunde quellen lassen. • Das gesamte Mehl mit dem Zuckerrohrgranulat, dem Backpulver, der Vanille und der Orangenschale mischen und auf eine Arbeitsfläche schütten. • Die Butter in Flöckchen über das Mehl schneiden und alles von außen nach innen zu einem glatten Teig verkneten. Dabei auch die Rosinen mit der Quellflüssigkeit unter den Teig arbeiten. • Den Teig zugedeckt 30 Minuten ruhen lassen. • Den Backofen auf 190° vorheizen. Das Backblech mit Butter bestreichen. • Den Teig portionsweise knapp ½ cm dick ausrollen und 60 Herzen ausstechen. • Die Herzen auf das Backblech legen und auf der mittleren Schiene im Backofen in etwa 15 Minuten goldbraun backen. • Die Rosinenherzen auf einem Kuchengitter abkühlen lassen.

Delikate Fruchtbrötchen

Sie passen mit ihrem feinen fruchtigen Geschmack ideal zur Teestunde

Korinthenbrötchen

im Bild vorne

Zutaten für 70 Stück:
100 g Korinthen
100 g Orangeat
150 g weiche Butter
3 Eier
75 g feiner Zucker
2 Teel. abgeriebene Schale von
1 ungespritzten Orange
2 Teel. Orangensaft
1 Prise Salz
200 g Mehl
50 g Speisestärke
Für das Backblech: Backpapier

Gelingt leicht • Preiswert

Pro Stück etwa:
200 kJ/48 kcal · 1 g Eiweiß
3 g Fett · 6 g Kohlenhydrate

Vorbereitungszeit: 1 Stunde
Backzeit pro Blech: 15 Minuten

Die Korinthen heiß waschen und abtropfen lassen. • Das Orangeat sehr klein hacken. • Die Butter in einer Schüssel geschmeidig rühren. • Die Eier in Eigelbe und Eiweiße trennen. Die Eigelbe mit dem Zucker, der Orangenschale und dem Orangensaft unter die Butter rühren. • Die Eiweiße mit dem Salz zu steifem Schnee schlagen. • Die Korinthen und das Orangeat unter die Buttermasse mengen. • Den Eischnee darüber füllen. Das Mehl und die Speisestärke darüber sieben und alles mit einem Rührlöffel unterheben. • Den Backofen auf 180° vorheizen. Das Backblech mit Backpapier auslegen. • Vom Teig mit zwei Teelöffeln kleine Häufchen mit genügend Abstand voneinander auf das Backblech setzen; die Brötchen laufen beim Backen etwas auseinander. • Die Plätzchen in etwa 15 Minuten auf der mittleren Schiene im Backofen goldgelb backen. • Die Korinthenbrötchen auf einem Kuchengitter abkühlen lassen.

Kirschbrötchen

im Bild hinten

Zutaten für 50 Stück:
150 g rote Belegkirschen
125 g weiche Butter
2 Eier
100 g feiner Zucker
2 Teel. abgeriebene Schale von
1 ungespritzten Zitrone
2 Teel. Zitronensaft
1 Prise Salz
200 g Mehl
Für das Backblech: Backpapier

Gelingt leicht • Preiswert

Pro Stück etwa:
210 kJ/50 kcal · 1 g Eiweiß
3 g Fett · 5 g Kohlenhydrate

Vorbereitungszeit: 1 Stunde
Backzeit pro Blech: 15 Minuten

Die Kirschen sehr klein würfeln. • Die Butter in einer Rührschüssel geschmeidig rühren. • Die Eier in Eigelbe und Eiweiße trennen. Die Eigelbe mit dem Zucker, der Zitronenschale, dem Zitronensaft und der Butter schaumig rühren. • Die Eiweiße mit dem Salz zu steifem Schnee schlagen. • Die Kirschen unter die Buttermasse mengen. Den Eischnee darüber häufen und das Mehl über den Eischnee sieben. Alles mit einem Rührlöffel unterheben. • Den Backofen auf 180° vorheizen. Das Backblech mit Backpapier auslegen. • Vom Teig mit zwei Teelöffeln kleine Häufchen mit genügend Abstand voneinander auf das Backblech setzen; die Brötchen laufen beim Backen etwas auseinander. • Die Plätzchen auf der mittleren Schiene im Backofen in etwa 15 Minuten goldgelb backen. • Die Kirschbrötchen auf einem Kuchengitter abkühlen lassen.

Krachkuchen

Sie schmecken besonders gut zu einer Schale Tee

Zutaten für 70 Stück:
125 g weiche Butter
1 Eigelb
100 g feiner Zucker
120 g Mehl
100 g abgezogene Mandeln
1 Ei
5 Eßl. Zuckerrohrgranulat
Für das Backblech: Butter

Etwas teurer

Pro Stück etwa:
180 kJ/43 kcal · 1 g Eiweiß
3 g Fett · 4 g Kohlenhydrate

Vorbereitungszeit: 40 Minuten
Backzeit: 10 Minuten

Die Butter mit dem Eigelb verrühren. Den Zucker darüber streuen und alles schaumig rühren. • Das Mehl über die Buttermasse sieben und nach und nach unterrühren. • Den Backofen auf 200° vorheizen. Das Backblech mit Butter bestreichen. • Den Teig auf das Backblech geben und mit den Fingerspitzen sehr flach drücken; er reicht aus, um das Blech gleichmäßig zu bedekken. • Die Mandeln grob hakken. • Das Ei verquirlen und den Teig damit bestreichen. Die Mandeln auf dem Teig verteilen und das Zuckerrohrgranulat durch ein Sieb über die Mandeln streuen. • Den Krachkuchen auf der mittleren Schiene in etwa 10 Minuten im Backofen goldgelb backen. • Den Kuchen noch heiß in etwa 3 × 4 cm große Rechtecke schneiden und auf einem Kuchengitter abkühlen lassen.

Unser Tip: Statt den Kuchen mit verquirltem Eigelb zu bestreichen, kann man ihn auch mit passierter Orangenkonfitüre überziehen, ehe die Mandeln darauf verteilt werden.

Zitronen-Sandhäufchen

Zartes Gebäck, das auf der Zunge zergeht

Zutaten für 60 Stück:
125 g weiche Butter
100 g feiner Zucker
2 Eier · 125 g Mehl
125 g Speisestärke
1 Teel. Backpulver
2 Eßl. Rum · 100 g Puderzucker
2 Eßl. Zitronensaft
abgeriebene Schale von
1 ungespritzten Zitrone
Für das Backblech: Backpapier

Preiswert • Gelingt leicht

Pro Stück etwa:
210 kJ/50 kcal · 1 g Eiweiß
2 g Fett · 7 g Kohlenhydrate

Vorbereitungszeit: 1 Stunde
Backzeit pro Blech: 12 Minuten
Fertigstellung: 20 Minuten

Die Butter und den Zucker mit den Eiern schaumig rühren. • Das Mehl, die Speisestärke und das Backpulver über die Schaummasse sieben, den Rum hinzufügen und alles mit dem Rührlöffel mischen. Den Teig zuletzt mit den Händen durchkneten. • Den Backofen auf 200° vorheizen. Das Backblech mit Backpapier auslegen. • Vom Teig etwa walnußgroße Kugeln formen und auf das Backblech legen. Die Kugeln etwas flach drükken und mit einem Kochlöffelstiel eine Kuhle in die Mitte drücken. • Die Plätzchen auf der mittleren Schiene im Backofen in etwa 12 Minuten goldgelb backen, dann auf einem Kuchengitter abkühlen lassen. • Den Puderzukker in eine Schüssel sieben. Den Zitronensaft und so viel heißes Wasser unterrühren, daß eine dickflüssige Glasur entsteht. Die Kuhlen der abgekühlten Plätzchen mit der Glasur füllen. Die Zitronenschale auf die noch weiche Glasur streuen.

Unser Tip: Statt mit Zitrone kann man die Glasur auch mit Orangensaft und abgeriebener Orangenschale herstellen.

Plätzchen für einen größeren Gästekreis

Für alle, die Schwachgesüßtes besonders schätzen

Buttermilch-Pistazien-Plätzchen

im Bild vorne

Zutaten für 120 Stück:
400 g Mehl
400 g Butter
1 Prise Salz
⅛ l Buttermilch
100 g Zucker
2 Eigelbe
150 g gehackte Pistazien
Für das Backblech: Backpapier

Braucht etwas Zeit
Etwas teurer

Pro Stück etwa:
230 kJ/55 kcal · 1 g Eiweiß
4 g Fett · 4 g Kohlenhydrate

Vorbereitungszeit: 1½ Stunden
Ruhezeit: 12 Stunden
Backzeit pro Blech: 12 Minuten

Das Mehl in eine Schüssel sieben. Die Butter in Flöckchen auf das Mehl schneiden. • Das Salz, die Buttermilch und den Zucker zum Mehl geben, alles mit einem Rührlöffel mischen und den Teig zuletzt mit den Händen durchkneten. • Den Teig zu einer Kugel formen, in Pergamentpapier oder Folie wickeln und 12 Stunden im Gemüsefach des Kühlschranks ruhen lassen. • Den Backofen auf 200° vorheizen. Das Backblech mit Backpapier auslegen. • Den Teig portionsweise auf einer leicht bemehlten Arbeitsfläche ½ cm dick ausrollen und mit dem Teigrädchen Quadrate von 3 x 3 cm daraus schneiden. • Die Quadrate auf das Backblech legen. Die Eigelbe mit 1 Eßlöffel Wasser verquirlen, die Plätzchen damit bestreichen und mit den Pistazien bestreuen. • Die Plätzchen auf der mittleren Schiene im Backofen in etwa 12 Minuten goldgelb backen. • Die Plätzchen auf einem Kuchengitter abkühlen lassen.

Biskuit-Schokoladen-Plätzchen

im Bild hinten

Zutaten für 80 Stück:
3 Eier
100 g Zucker
150 g Mehl
100 g Speisestärke
50 g Instant-Schokoladenpulver
½ Teel. Backpulver
150 g Schokoladenstreusel
Für das Backblech: Backpapier

Gelingt leicht • Preiswert

Pro Stück etwa:
150 kJ/36 kcal · 1 g Eiweiß
1 g Fett · 5 g Kohlenhydrate

Vorbereitungszeit: 1 Stunde
Backzeit pro Blech: 10 Minuten

Den Backofen auf 180° vorheizen. Das Backblech mit Backpapier auslegen. • Die Eier in Eigelbe und Eiweiße trennen. Die Eiweiße zu sehr steifem Schnee schlagen. • Die Eigelbe mit 3 Eßlöffeln heißem Wasser und dem Zucker schaumig rühren. • Den Eischnee über die Schaummasse füllen. Das Mehl mit der Speisestärke, dem Schokoladenpulver und dem Backpulver mischen, über den Eischnee sieben und die gesamte Masse mit einem Rührlöffel vorsichtig vermengen. • Mit zwei Teelöffeln kleine Häufchen in genügend Abstand voneinander auf das Backblech setzen und jedes Häufchen mit Schokoladenstreuseln bestreuen. • Die Plätzchen auf der mittleren Schiene im Backofen in etwa 8 Minuten goldbraun backen. • Die fertigen Plätzchen auf einem Kuchengitter abkühlen lassen.

Mürbe Erdnuß-Spiralen

Von ungewöhnlichem Geschmack, sehr knusprig und verführerisch

Zutaten für 50 Stück:
400 g Mehl · 200 g Butter
100 g Zucker
1 Prise Salz
100 g Erdnußcreme (Reformhaus)
75 g Zuckerrohrgranulat
2 Teel. Zimtpulver
100 g sehr fein gehackte, ungesalzene Erdnüsse
Für das Backblech: Backpapier

Etwas schwierig
Etwas teurer

Pro Stück etwa:
200 kJ/43 kcal · 1 g Eiweiß
2 g Fett · 5 g Kohlenhydrate

Vorbereitungszeit: 40 Minuten
Ruhezeit: 30 Minuten
Backzeit pro Blech: 15 Minuten

Das Mehl auf eine Arbeitsfläche sieben und in die Mitte eine Vertiefung drücken. • Die Butter in Flöckchen auf den Mehlrand schneiden und den Zucker und das Salz darüber streuen. • Die Erdnußcreme in die Vertiefung geben und alle Zutaten mit einem breiten Messer hackend vermischen. • 6 Eßlöffel eiskaltes Wasser zum Teig geben und diesen rasch mit den Händen zu einem geschmeidigen Teig verkneten. • Den Teig in 2 Hälften teilen und jeden Teil auf einer leicht bemehlten Arbeitsfläche zu einem Rechteck von 15 × 30 cm ausrollen. • Das Zuckerrohrgranulat durch ein Sieb auf die Teigplatten streuen. Den Zimt und die Erdnüsse darüber verteilen, die Teigplatten von den Längsseiten her aufrollen und die Teigenden sacht andrücken. • Die Rollen in Folie wickeln und 30 Minuten in den Kühlschrank legen. • Den Backofen auf 200° vorheizen. Das Backblech mit Backpapier auslegen. • Mit einem langen Messer mit dünner Klinge von den Teigrollen etwa ½ cm dicke Scheiben abschneiden; das Messer vor jedem Schnitt in sehr heißes Wasser tauchen. • Die Spiralen auf das Backblech legen und auf der mittleren Schiene in etwa 15 Minuten goldbraun backen. • Die Spiralen kurz abkühlen lassen und mit einem Spatel vom Blech heben.

Traditionelles Sandgebäck

Je kleiner es geformt wird, desto verführerischer seine Wirkung

Feines Spritzgebäck

im Bild vorne

Zutaten für 50 Stück:
¼ Vanilleschote
175 g weiche Butter
1 Messerspitze frisch gemahlener Kardamom · 175 g feiner Zucker
4 kleine Eigelbe · 300 g Mehl
50 g Speisestärke
50 g fein gehackte Pistazien
100 g Vollmilch-Kuvertüre
Für das Backblech: Backpapier

Etwas schwierig

Pro Stück etwa:
460 kJ/110 kcal · 2 g Eiweiß
7 g Fett · 10 g Kohlenhydrate

Vorbereitungszeit: 45 Minuten
Backzeit pro Blech: 12 Minuten

Den Backofen auf 200° vorheizen. Das Backblech mit Backpapier auslegen. • Die Vanilleschote längs aufschneiden und das Mark herausschaben. • Die Butter mit dem Vanillemark, dem Kardamom und dem Zucker schaumig rühren. Die Eigelbe einzeln untermengen. • Das Mehl mit der Speisestärke sieben und löffelweise unterziehen. Den Teig halbieren. Mit einem Spritzbeutel mit kleiner Sterntülle aus einer Hälfte S-Förmchen auf das Backblech spritzen und auf der mittleren Schiene in etwa 12 Minuten hellgelb backen. • Die Pistazien unter die zweite Teighälfte mischen, kleine Ringe auf das Blech spritzen und 12 Minuten backen. • Die Kuvertüre schmelzen und die »Nahtstellen« der abgekühlten Ringe hineintauchen.

Glasierte Mandelstreifen

im Bild hinten

Zutaten für 50 Stück:
200 g Mehl · 50 g Speisestärke
125 g weiche Butter
80 g Zucker · 1 Prise Salz
2 Eßl. Vanillezucker · 1 Ei
Zum Füllen:
150 g abgezogene, geriebene Mandeln · 100 g Zucker
abgeriebene Schale und Saft von 1 ungespritzten Orange
Für die Glasur:
200 g Puderzucker
2 Eßl. Orangensaft
1 Eßl. Zitronensaft
25 abgezogene Mandelhälften
Für das Backblech: Butter

Braucht etwas Zeit

Pro Stück etwa:
390 kJ/93 kcal · 1 g Eiweiß
4 g Fett · 12 g Kohlenhydrate

Vorbereitungszeit: 50 Minuten
Ruhezeit: 1 Stunde
Backzeit: 25 Minuten

Das Mehl, die Speisestärke, die Butter, den Zucker, das Salz, den Vanillezucker und das Ei mit den elektrischen Knethaken mischen. Den Teig mit den Händen verkneten, in zwei Portionen teilen, in Folie wickeln und 1 Stunde kühl stellen. • Die Mandeln mit dem Zucker, der Orangenschale und so viel Orangensaft verrühren, daß eine streichfähige Paste entsteht. • Den Backofen auf 200° vorheizen. Das Backblech mit Butter bestreichen. • Eine Teigportion auf dem Backblech zu einer Größe von 20 × 30 cm ausrollen und mit der Mandelmasse bestreichen. • Die zweite Teigportion ebenso groß ausrollen, auf die Mandelmasse legen und die Ränder gut zusammendrücken. Die Oberfläche mit einer Gabel gleichmäßig einstechen. • Den Kuchen auf der mittleren Schiene in etwa 25 Minuten goldgelb backen. • Den Puderzucker mit dem Orangen- und dem Zitronensaft zu einer Glasur verrühren. Das heiße Gebäck damit bestreichen und in 2 × 6 cm große Streifen schneiden. Je 1 Mandelhälfte auf die weiche Glasur drücken.

Weihnachtsgebäck aus aller Welt

Wovon man träumt, wenn's weihnachtet:
Buntes für den Adventsteller

Buttergebäck, liebevoll zubereitet

Wenn der zarte Teig zwischendurch kühl gestellt wird, läßt er sich leichter verarbeiten

Butterplätzchen

im Bild links

Zutaten für 60 Stück:
250 g Mehl
75 g Zucker
1 Prise Salz · 2 Teel. Vanillezucker · 1 Ei
125 g Butter
Zum Verzieren:
150 g Puderzucker
2 Eßl. Zitronensaft
2 Eßl. weißer Rum
1 Eßl. Kakaopulver
2 Eßl. Zuckerstreusel
25 g klein gehacktes Zitronat
Für das Backblech: Butter

Berühmtes Rezept

Pro Stück etwa:
220 kJ/52 kcal · 1 g Eiweiß
3 g Fett · 8 g Kohlenhydrate

Vorbereitungszeit: 45 Minuten
Ruhezeit: 1 Stunde
Backzeit pro Blech: 10 Minuten
Fertigstellung: 45 Minuten

Das Mehl, den Zucker, das Salz, den Vanillezucker, das Ei und die Butter rasch verkneten und zugedeckt mindestens 1 Stunde kühl stellen. • Das Backblech mit Butter bestreichen. Den Backofen auf 200° vorheizen. • Den Teig portionsweise etwa 3 mm dick ausrollen und zu beliebigen Formen ausstechen. Die Plätzchen auf dem Backblech auf der mittleren Schiene in etwa 10 Minuten goldgelb backen. • Den Puderzucker sieben. Eine Hälfte mit dem Zitronensaft, die andere mit dem Rum und dem Kakao zu einer dickflüssigen Glasur verrühren. • Jeweils die Hälfte der abgekühlten Plätzchen mit einer der Glasuren bestreichen. Die schokoladenüberzogenen Plätzchen mit den Zuckerstreuseln, die weißglasierten mit dem Zitronat bestreuen.

Schwarzweißgebäck

im Bild rechts

Zutaten für 80 Stück:
400 g Mehl · 150 g Puderzucker
2 kleine Eier · 2 Eßl. Rum
200 g Butter · 2 Prisen Salz
2 Eßl. Kakaopulver · 2 Eiweiße
Für das Backblech: Butter

Berühmtes Rezept

Pro Stück etwa:
210 kJ/50 kcal · 1 g Eiweiß
3 g Fett · 6 g Kohlenhydrate

Vorbereitungszeit: 1 Stunde
Ruhezeit: 1½ Stunden
Backzeit pro Blech: 12 Minuten

Das Mehl und den Puderzucker halbieren. Je 1 Ei, 1 Eßlöffel Rum, 100 g Butter in Flöckchen und 1 Prise Salz darauf verteilen. Auf eine Hälfte das Kakaopulver sieben. • Die Portionen verkneten. Jeweils vom hellen und vom dunklen Teig eine Kugel und einen Strang von 3 x 3 cm Kantenlänge formen und 1 Stunde kühl stellen. • Das Backblech mit Butter bestreichen. • Die Teigkugeln ½ cm dick ausrollen, mit verquirltem Eiweiß bestreichen, aufeinanderlegen, zu einer Rolle formen und 30 Minuten kühl stellen. • Den Backofen auf 200° vorheizen. • Von der Teigrolle ½ cm dicke Scheiben abschneiden und auf der mittleren Schiene etwa 12 Minuten backen. • Vom hellen Teigstrang ein Fünftel längs abschneiden, zu einer länglichen Platte ausrollen und mit Eiweiß bestreichen. • Den übrigen hellen Strang längs in 4, den dunkeln in 5 gleich große Stifte schneiden. Alle Stücke mit Eiweiß bestreichen. • Auf der Mitte der Teigplatte alle Stifte schachbrettartig zusammensetzen, mit der Platte umhüllen und 30 Minuten kühl stellen. • Den Strang in ½ cm dicke Scheiben schneiden und die Plätzchen etwa 12 Minuten backen.

Anisplätzchen in zwei Versionen

Sie gehören auf den traditionellen Weihnachtsteller

Anisplätzchen aus Reismehl

im Bild links

Zutaten für 40 Stück:
1½ Teel. Anissamen
2 Eier
80 g Zuckerrohrgranulat
180 g feingemahlener Naturreis
Für das Backblech: Butter und Mehl

Vollwertrezept
Gelingt leicht

Pro Stück etwa:
130 kJ/31 kcal · 1 g Eiweiß
1 g Fett · 6 g Kohlenhydrate

Vorbereitungszeit: 35 Minuten
Ruhezeit: 1 Stunde
Backzeit pro Blech: 40 Minuten

Zwei Backbleche mit wenig Butter bestreichen und mit Mehl bestäuben. • Die Anissamen im Mörser fein zerstoßen. • Die Eier und das Zuckerrohrgranulat mit den Rührbesen des Handrührgerätes sehr schaumig schlagen. • Den Anis und das Reismehl mit einem Schneebesen unter den Teig heben; der Teig soll weich, aber formbar sein. Wenn nötig, noch etwas Reismehl untermengen. • Mit zwei Teelöffeln kleine Plätzchen mit genügend Abstand voneinander auf die Backbleche setzen und diese bei Raumtemperatur etwa 1 Stunde antrocknen lassen. • Den Backofen auf 150° vorheizen. • Die Anisplätzchen auf der unteren Schiene 40 Minuten backen; die »Füßchen« sollen hellbraun, die Häubchen heller sein. • Die Plätzchen vom Blech lösen und auf einem Kuchengitter abkühlen lassen.

Anisplätzchen auf alte Art

im Bild rechts

Zutaten für 55 Stück:
3 Eier · 250 g Puderzucker
1 Prise Salz
2 Eßl. Vanillezucker
2 Teel. frisch gemahlener Anis
250 g Mehl
1 Eßl. gestoßener Anis
Für das Backblech: Backpapier und Mehl

Braucht etwas Zeit

190 kJ/45 kcal · 1 g Eiweiß
1 g Fett · 8 g Kohlenhydrate

Vorbereitungszeit: 45 Minuten
Ruhezeit: 24 Stunden
Backzeit pro Blech: 20 Minuten

Die Eier und den Puderzucker mit den Rührbesen des Handrührgerätes weißschaumig schlagen. Das Salz, den Vanillezucker und den Anis unterrühren. • Das Mehl über die Schaummasse sieben. Nach und nach mit einem Rührlöffel unterziehen, so daß der Teig glatt, aber noch schaumig ist. • Das Backblech mit Backpapier auslegen, mit etwas Mehl bestäuben und mit dem gestoßenen Anis bestreuen. • Den Teig in einen Spritzbeutel mit Lochtülle füllen und etwa walnußgroße Häufchen mit genügend Abstand voneinander auf das Backblech setzen. Die Tupfen bei Raumtemperatur ruhen lassen, bis sie matt und trokken sind; das dauert ungefähr 24 Stunden. Durch das Trocknen sollen sich beim Backen zwei Schichten bilden: die sogenannten »Füßchen« und die schaumigen Häubchen. • Den Backofen auf 160° vorheizen. • Die Plätzchen auf der unteren Schiene etwa 20 Minuten backen, wobei die Häubchen weiß bleiben sollen. • Die Anisplätzchen in einer verschlossenen Dose aufbewahren. Nach 2 Wochen hat sich der Anisgeschmack voll entwickelt.

Norwegische Weihnachtsringe

Mürbes Gebäck mit Zuckerkruste

Zutaten für 50 Stück:
3 Eier
½ Vanilleschote
350 g Mehl
150 g Puderzucker
175 g Butter
2 Eigelbe
2 Eßl. Vanillezucker
50 g Hagelzucker
Für das Backblech: Backpapier

Spezialität • Preiswert

Pro Stück etwa:
390 kJ/93 kcal · 2 g Eiweiß
5 g Fett · 10 g Kohlenhydrate

Vorbereitungszeit: 1 Stunde
Ruhezeit: 2 Stunden
Backzeit pro Blech: 12 Minuten

Von den Eiern 2 hart kochen, kalt abschrecken, schälen und halbieren. Die Eigelbe herauslösen. Die Eiweiße anderweitig verwenden. • Die Eigelbe durch ein Sieb in eine Schüssel streichen. • Die Vanilleschote längs aufschneiden, das Mark herausschaben und zu den Eigelben geben. • Das Mehl, den Puderzucker, das restliche Ei und die Butter in Flöckchen zu den Eigelben geben und alles mit den Knethaken des Handrührgerätes verkneten. • Aus dem Teig zwei Rollen von etwa 3 cm Durchmesser formen, in Folie wickeln und 2 Stunden kühl stellen. • Das Backblech mit Backpapier auslegen. Den Backofen auf 200° vorheizen. • Jede Teigrolle in 25 Scheiben schneiden, daraus 8 cm lange Röllchen formen und die Enden zu Ringen zusammendrücken. • Die Eigelbe mit etwas Wasser verquirlen. • Die Ringe auf das Backblech legen und mit dem Eigelb bestreichen. Den Vanillezucker und den Hagelzucker mischen und darauf streuen. Daneben gefallenen Zucker entfernen. • Die Ringe auf der mittleren Schiene in etwa 12 Minuten goldbraun backen. • Die Ringe auf einem Kuchengitter abkühlen lassen.

Schwedische Julkuchen

Die Wintersonnenwende feiert man in Schweden als Julfest

Zutaten für 80 Stück:
200 g Butter
125 g feiner Zucker
1 Ei · 1 Eigelb
1 Prise Salz
3 Messerspitzen gemahlener Kardamom
375 g Mehl
1 Teel. Backpulver
1 Eiweiß
3 Eßl. Hagelzucker
4 Teel. Zimtpulver
Für das Backblech: Backpapier

Spezialität • Preiswert

Pro Stück etwa:
210 kJ/50 kcal · 1 g Eiweiß
3 g Fett · 6 g Kohlenhydrate

Vorbereitungszeit: 50 Minuten
Ruhezeit: 1 Stunde
Backzeit pro Blech: 12 Minuten

Die Butter in Flöckchen schneiden und mit dem Zukker, dem Ei, dem Eigelb, dem Salz und dem Kardamom mit den Rührbesen des Handrührgerätes schaumig rühren. • Das Mehl mit dem Backpulver über die Schaummasse sieben und nach und nach mit dem Rührlöffel unterziehen. • Den Teig zuletzt mit den Händen durchkneten, zu zwei Rollen von 3 cm Durchmesser formen, in Folie wickeln und 1 Stunde in den Kühlschrank legen. • Den Backofen auf 220° vorheizen. Das Backblech mit Backpapier auslegen. • Die Rollen in ½ cm dicke Scheiben schneiden und auf das Backblech legen. • Das Eiweiß verquirlen und die Plätzchen damit bestreichen. • Den Hagelzucker mit dem Zimt mischen, über die Plätzchen streuen und diese auf der mittleren Schiene in etwa 12 Minuten goldgelb backen. • Die Plätzchen auf einem Kuchengitter abkühlen lassen, dann in einer verschlossenen Dose etwa 10 Tage aufbewahren. Nach dieser Zeit schmecken sie am besten.

Spekulatius

Die Modeln gibt es in Fachgeschäften; die Plätzchen ersatzweise mit Herzförmchen ausstechen

Zutaten für 120 Stück:
- 250 g Butter
- 200 g feiner Zucker
- 100 g ungehäutete, geriebene Mandeln
- 50 g fein zerstoßener Kandiszucker · 2 Eier
- 2 Teel. Zimtpulver
- ½ Teel. gemahlener Kardamom
- je 1 Messerspitze gemahlene Gewürznelken, gemahlene Muskatblüte und Salz
- 500 g Mehl
- Für die Modeln und das Backblech: Mehl und 150 g ungehäutete, geriebene Mandeln

Berühmtes Rezept
Etwas schwierig

Pro Stück etwa:
240 kJ/57 kcal · 1 g Eiweiß
3 g Fett · 6 g Kohlenhydrate

Vorbereitungszeit: 1½ Stunden
Ruhezeit: 1 Stunde
Backzeit pro Blech: 10 Minuten

Die Butter in Flöckchen in eine Schüssel schneiden und mit dem Zucker, den Mandeln, dem Kandiszucker, den Eiern, dem Zimt, dem Kardamom, dem Nelkenpulver, der Muskatblüte und dem Salz verrühren. • Das Mehl über die Buttermasse sieben, alles verkneten und den Teig zugedeckt 1 Stunde an einem kühlen Ort ruhen lassen. • Die Modeln mit Mehl ausstäuben. Das erste Backblech mit Mehl bestäuben und mit einem Teil der gemahlenen Mandeln bestreuen. Den Backofen auf 190° vorheizen. • Von dem Teig kleine Stükke abnehmen und in die Modeln drücken. Den überstehenden Teig mit einem dünnen Draht entlang der Modelfläche abschneiden. Die Teigfiguren durch einen Schlag auf den Model auf das Backblech stürzen und auf der mittleren Schiene in etwa 10 Minuten goldbraun backen. • Wem die Modeln fehlen, der muß den Teig etwa ½ cm dick ausrollen und mit Förmchen ausstechen. • Die Spekulatius nach dem Abkühlen lagenweise zwischen Pergamentpapier in einer Dose aufbewahren, da sie leicht brechen.

Springerle

Auch für diese schwäbische Spezialität braucht man die dafür typischen Holzmodeln

Zutaten für 50 Stück:
500 g Puderzucker
4 Eier
abgeriebene Schale von
1 ungespritzten Zitrone
500 g Mehl
Zum Ausrollen und Formen:
Puderzucker und Mehl
Für das Backblech: Butter und
Mehl

Berühmtes Rezept
Etwas schwierig

Pro Stück etwa:
400 kJ/95 kcal · 2 g Eiweiß
2 g Fett · 17 g Kohlenhydrate

Vorbereitungszeit: 1½ Stunden
Ruhezeit: 24 Stunden
Backzeit pro Blech: 30 Minuten

Den Puderzucker in eine Schüssel sieben. Die Eier dazugeben und beides mit den Rührbesen des Handrührgerätes weißschaumig rühren. • Die Zitronenschale darüber streuen und das Mehl darüber sieben. Nach und nach das Mehl mit einem Rührlöffel unter die Schaummasse ziehen. Den Teig zuletzt durchkneten. • Den Teig auf einer mit Puderzucker bestreuten Arbeitsfläche 1 cm dick ausrollen. • Die Holzmodeln mit Mehl ausstäuben. Die Teigoberfläche ebenfalls dünn mit Mehl bestäuben. • Kleine Teigstücke in die Modeln drükken. Die Kanten mit einem Messer glattschneiden und die Figürchen aus den Modeln klopfen. Das Mehl vom Teig mit einem Pinsel entfernen. • Am besten gleich zwei Backbleche mit Butter bestreichen und mit Mehl bestäuben. • Die Springerle auf den Backblechen verteilen und 24 Stunden bei Raumtemperatur trocknen lassen. • Den Backofen auf 120° vorheizen. • Die Springerle mit Pergamentpapier bedecken und auf der mittleren Schiene etwa 30 Minuten backen. Während der ersten 20 Minuten die Backofentüre nicht öffnen! • Die Oberfläche der Springerle soll weiß bleiben, nur die Unterseite darf leicht bräunen. • Die abgekühlten Springerle 2 bis 3 Wochen in einer verschlossenen Blechdose kühl lagern, damit sie etwas weicher werden.

Pfaffen und Husaren standen hier Pate

Die Plätzchen zwischen Pergamentpapier lagern, damit sie nicht aneinanderkleben

Pfaffenhütchen

im Bild vorne

Zutaten für 135 Stück:
500 g Mehl · 275 g Zucker
4 Eigelbe
abgeriebene Schale von
1 ungespritzten Zitrone
1 Prise Salz · 1 Eßl. Arrak
(Reisbranntwein)
300 g Butter
75 g abgezogene Mandeln
1 Eiweiß
Zum Bestreichen:
1 Eiweiß · 1 Eigelb
1 Eßl. Kondensmilch
Für das Backblech: Backpapier

Berühmtes Rezept
Etwas schwierig

Pro Stück etwa:
220 kJ/52 kcal · 1 g Eiweiß
3 g Fett · 5 g Kohlenhydrate

Vorbereitungszeit: 1½ Stunden
Ruhezeit: 1 Stunde
Backzeit pro Blech: 15 Minuten

Das Mehl auf eine Arbeitsfläche sieben und in die Mitte eine Mulde drücken. 200 g Zukker, die Eigelbe, die Zitronenschale, das Salz und den Arrak hineingeben. • Die Butter in Flöckchen auf den Mehlrand schneiden und alle Zutaten zu einem glatten Teig verkneten. Den Teig in Folie wikkeln und 1 Stunde im Kühlschrank ruhen lassen. • Die Mandeln reiben. Das Eiweiß mit dem restlichen Zucker steif schlagen. Die Mandeln unterheben. • Den Backofen auf 200° vorheizen. Das Backblech mit Backpapier auslegen. • Den Mürbeteig etwa 3 mm dick ausrollen, Plätzchen von 5 cm Durchmesser ausstechen und jeweils ½ Teelöffel der Mandelmasse darauf geben. Die Ränder der Plätzchen mit dem Eiweiß bestreichen und von 3 Seiten über der Füllung zusammendrücken. • Das Eigelb mit der Kondensmilch verquirlen, die Hütchen damit bestreichen, auf das Backblech setzen und auf der mittleren Schiene in etwa 15 Minuten goldgelb backen.

Husarenkrapferl

im Bild hinten

Zutaten für 145 Stück:
150 g weiche Butter
150 g Zucker
2 Eßl. Vanillezucker
1 Prise Salz · 2 Eigelbe
100 g geriebene Haselnüsse
200 g Mehl · 8 Eßl. Puderzucker
150 g Johannisbeergelee
Für das Backblech: Backpapier

Spezialität aus Österreich
Etwas schwierig

Pro Stück etwa:
130 kJ/31 kcal · 0 g Eiweiß
2 g Fett · 4 g Kohlenhydrate

Vorbereitungszeit: 1¼ Stunden
Ruhezeit: 2 Stunden
Backzeit pro Blech: 12 Minuten
Fertigstellung: 30 Minuten

Die Butter mit dem Zucker, dem Vanillezucker, dem Salz und den Eigelben verrühren. • Die Haselnüsse und das Mehl mischen und unter die Buttermasse kneten. Den Teig zu zwei Rollen von 3 cm Durchmesser formen, in Folie wickeln und 2 Stunden im Kühlschrank ruhen lassen. • Den Backofen auf 200° vorheizen. Das Backblech mit Backpapier auslegen. • Von den Teigrollen 1 cm dicke Scheiben abschneiden, zu Kugeln formen und in jede Kugel mit einem Kochlöffelstiel eine Vertiefung drücken. • Die Krapferl auf das Backblech legen und auf der mittleren Schiene in etwa 12 Minuten goldgelb backen. • Die abgekühlten Krapferl mit dem Puderzucker besieben. • Das Johannisbeergelee mit einem kleinen Löffel in die Vertiefungen der Krapferl füllen und gut antrocknen lassen. Die Plätzchen dann in einer Dose aufbewahren.

Vanillekipferl

Sie dürfen beim Weihnachtsgebäck keinesfalls fehlen

Zutaten für 80 Stück:	
1 Vanilleschote	
100 g ungehäutete Mandeln	
300 g Mehl · 2 Eigelbe	
100 g Zucker · 1 Prise Salz	
abgeriebene Schale von	
¼ ungespritzten Zitrone	
200 g Butter · 100 g feiner	
Zucker	
4 Eßl. Vanillezucker	
Für das Backblech: Backpapier	

Spezialität aus Österreich
Etwas schwierig

Pro Stück etwa:
250 kJ/60 kcal · 1 g Eiweiß
4 g Fett · 6 g Kohlenhydrate

Vorbereitungszeit: 1¼ Stunden
Ruhezeit: 1 Stunde
Backzeit pro Blech: 15 Minuten

Die Vanilleschote längs aufschneiden und das Mark herausschaben. • Die Mandeln reiben. • Das Mehl auf eine Arbeitsfläche sieben, in die Mitte eine Mulde drücken und das Vanillemark, die Eigelbe, den Zucker, das Salz, die Zitronenschale und die Mandeln hineingeben. • Die Butter in Flöckchen auf den Mehlrand schneiden und alle Zutaten zu einem glatten Teig verkneten. • Den Teig in Folie wikkeln und 1 Stunde in den Kühlschrank legen. • Den Backofen auf 180° vorheizen. Das Backblech mit Backpapier auslegen. • Aus dem Teig portionsweise Rollen, etwa so dick wie ein Kochlöffelstiel, formen, diese in 6 cm lange Stücke schneiden und zu Hörnchen biegen. • Die Kipferl auf dem Backblech auf der mittleren Schiene in etwa 15 Minuten hellgelb backen. • Den feinen Zucker mit dem Vanillezucker mischen. Die Hälfte davon auf eine Platte streuen. Die noch warmen Kipferl darauf legen, mit der zweiten Zuckerhälfte bestreuen und abkühlen lassen. • Mit den restlichen Kipferln ebenso verfahren.

Punschbrezen

Eine zarte Köstlichkeit, die etwas Geduld erfordert

Zutaten für 60 Stück:	
200 g weiche Butter	
100 g Puderzucker	
½ Vanilleschote	
1 Eigelb · 1 Prise Salz	
300 g Mehl	
Für die Glasur:	
150 g Puderzucker	
1 Eiweiß · 4 Eßl. weißer Rum	
1 Teel. Zitronensaft	
Für das Backblech: Backpapier	

Berühmtes Rezept
Etwas schwierig

Pro Stück etwa:
260 kJ/62 kcal · 1 g Eiweiß
3 g Fett · 7 g Kohlenhydrate

Vorbereitungszeit: 1¼ Stunden
Ruhezeit: 2 Stunden
Backzeit pro Blech: 12 Minuten
Fertigstellung: 30 Minuten

Die Butter in eine Schüssel geben und den Puderzucker darüber sieben. • Die Vanilleschote längs aufschneiden, das Mark herausschaben, mit dem Eigelb und dem Salz zur Butter geben und alles cremig rühren. • Nach und nach das Mehl unter die Buttermasse rühren, den Rest unterkneten. • Den Teig in Folie wickeln und 2 Stunden in den Kühlschrank legen. • Den Backofen auf 180° vorheizen. Das Backblech mit Backpapier auslegen. • Aus dem Teig portionsweise bleistiftdicke Röllchen von 15 cm Länge formen, zu Brezeln zusammenlegen, auf das Backblech legen und in etwa 12 Minuten hellgelb backen. • Die Brezeln auf einem Kuchengitter abkühlen lassen. • Den Puderzucker sieben und mit dem Eiweiß, dem Rum und dem Zitronensaft zu einer streichfähigen Glasur verrühren. Die Brezen damit bestreichen und die Glasur trocknen lassen.

Makronen mit Mohn und Schokolade

Für Makronen gibt es eine Vielzahl von Variationsmöglichkeiten

Schokoladen-makronen

im Bild links

Zutaten für 60 Stück:
250 g ungehäutete Mandeln
100 g zartbittere Schokolade
4 Eiweiße
200 g feiner Zucker
60 Backoblaten von etwa 4 cm Durchmesser

Gelingt leicht • Schnell

Pro Stück etwa:
180 kJ/43 kcal · 2 g Eiweiß
2 g Fett · 4 g Kohlenhydrate

Vorbereitungszeit: 1¼ Stunden
Backzeit pro Blech: 12 Minuten

Die Mandeln mit der Haut in der Mandelmühle mahlen. • Die Schokolade fein reiben. • Die Eiweiße zu steifem Schnee schlagen, den Zucker nach und nach einrieseln lassen und weiterschlagen, bis die Masse steif ist und glänzt. • Die Mandeln und die Schokolade mit dem Schneebesen unter den Eischnee heben. • Den Backofen auf 190° vorheizen. Die Oblaten auf dem Backblech verteilen. • Mit zwei feuchten Teelöffeln von der Schaummasse kleine Häufchen abnehmen und auf die Oblaten setzen. • Die Makronen auf der mittleren Schiene im Backofen etwa 12 Minuten backen. Mit leichtem Fingerdruck prüfen, ob die Masse sich nicht mehr feucht anfühlt. • Ist die Masse trocken, die fertigen Makronen auf einem Kuchengitter abkühlen lassen.

Mohn-Pflaumen-Makronen

im Bild rechts

Zutaten für 50 Stück:
50 g ungeschwefelte Backpflaumen ohne Steine
50 g frisch gemahlene Mohnsamen
⅛ l Milch
125 g grob geriebene Mandeln
4 Eiweiße
100 g Zuckerrohrgranulat
½ Teel. Zimtpulver
Für das Backblech: Butter

Vollwertrezept
Gelingt leicht

Pro Stück etwa:
150 kJ/36 kcal · 2 g Eiweiß
2 g Fett · 3 g Kohlenhydrate

Vorbereitungszeit: 1 Stunde
Backzeit pro Blech: 15 Minuten

Die Backpflaumen klein würfeln und mit dem Mohn und der Milch unter Rühren aufkochen lassen. • Die Masse abkühlen lassen und mit den Mandeln mischen. • Den Backofen auf 180° vorheizen. Das Backblech mit Butter bestreichen. • Die Eiweiße zu steifem Schnee schlagen. Dabei nach und nach das Zuckerrohrgranulat und den Zimt einrieseln lassen. • Die Mohnmasse mit dem Schneebesen behutsam unter den Eischnee heben und mit zwei Teelöffeln kleine Häufchen mit genügend Abstand voneinander auf das Backblech setzen. • Die Makronen auf der mittleren Schiene im Backofen in etwa 15 Minuten hellbraun backen. • Die Makronen vom Blech lösen und auf einem Kuchengitter abkühlen lassen. Die Makronen nach Belieben noch in Pralinen-Papiermanschetten geben.

Makronen mit Datteln und Kokosflocken

Makronen sind in jeder Variante beliebt

Kokosmakronen

im Bild links

Zutaten für 70 Stück:
3 Eiweiße
1 Prise Salz
200 g Zucker
1 Teel. Zitronensaft
220 g Kokosflocken
100 g Schokoladen-Fettglasur
70 Backoblaten von etwa 4 cm Durchmesser

Gelingt leicht

Pro Stück etwa:
150 kJ/36 kcal · 1 g Eiweiß
1 g Fett · 6 g Kohlenhydrate

Vorbereitungszeit: 35 Minuten
Backzeit pro Blech: 20 Minuten
Fertigstellung: 25 Minuten

Den Backofen auf 160° vorheizen. Das Backblech mit den Oblaten auslegen. • Die Eiweiße zu steifem Schnee schlagen. Nach und nach das Salz, den Zucker und den Zitronensaft unter den Schnee rühren und weiterschlagen, bis der Eischnee sehr steif ist und glänzt. • Die Kokosflocken mit dem Schneebesen unter den Eischnee heben. • Mit zwei feuchten Teelöffeln von der Schaummasse kleine Häufchen abnehmen und auf die Oblaten setzen. • Die Makronen auf der mittleren Schiene im Backofen in etwa 20 Minuten hellgelb backen. • Die Kokosmakronen auf einem Kuchengitter abkühlen lassen. • Die Schokoladen-Fettglasur im heißen Wasserbad schmelzen und wieder abkühlen lassen. Die Glasur erneut erhitzen, bis sie dickflüssig ist. Die Glasur mit einem kleinen Teelöffel über die Makronen träufeln und gut trocknen lassen. Die Makronen dann in einer Dose aufbewahren.

Dattelmakronen

im Bild rechts

Zutaten für 50 Stück:
250 g getrocknete Datteln
3 Eiweiße
180 g feiner Zucker
1 Prise Salz
2 Eßl. Vanillezucker
je 75 g geriebene Mandeln und Haselnüsse
100 g Schokoladen-Fettglasur
50 Backoblaten von etwa 4 cm Durchmesser

Preiswert

Pro Stück etwa:
260 kJ/62 kcal · 2 g Eiweiß
2 g Fett · 9 g Kohlenhydrate

Vorbereitungszeit: 50 Minuten
Backzeit pro Blech: 20 Minuten
Fertigstellung: 30 Minuten

Den Backofen auf 170° vorheizen. Die Oblaten auf dem Backblech verteilen. • Die Datteln entsteinen und das Fruchtfleisch in feine Streifen schneiden. Ein Viertel der Streifen zum Garnieren beiseite stellen. • Die Eiweiße zu steifem Schnee schlagen, nach und nach den Zucker, das Salz und den Vanillezucker einrieseln lassen und weiterschlagen, bis der Eischnee steif ist und glänzt. • Die Mandeln, die Haselnüsse und die Dattelstreifen miteinander mischen und mit dem Schneebesen unter den Eischnee heben. • Mit zwei feuchten Teelöffeln kleine Häufchen von der Schaummasse abnehmen und auf die Oblaten setzen. • Die Makronen auf der mittleren Schiene im Backofen etwa 20 Minuten backen. Die Dattelmakronen auf einem Kuchengitter abkühlen lassen. • Die Schokoladen-Fettglasur im heißen Wasserbad schmelzen lassen. Auf jede Makrone ein Schokoladenhäubchen setzen und darauf je 2 Dattelstreifen über Kreuz anrichten.

Zimtsterne

Sie gehören in vielen Gegenden zu den beliebtesten Weihnachtsplätzchen

Zutaten für 60 Stück:	
300 g ungehäutete Mandeln	
3 Eiweiße · 1 Teel. Zitronensaft	
250 g feiner Zucker	
1 Teel. Zimtpulver	
1 Eßl. Vanillezucker	
Zum Ausrollen: Puderzucker	
Für das Backblech: Backpapier	

Berühmtes Rezept
Etwas schwierig

Pro Stück etwa:
210 kJ/50 kcal · 2 g Eiweiß
3 g Fett · 5 g Kohlenhydrate

Vorbereitungszeit: 1¼ Stunden
Ruhezeit: 30 Minuten
Backzeit pro Blech: 25 Minuten

Die Mandeln mit der Haut durch die Mandelmühle drehen. • Die Eiweiße mit dem Zitronensaft zu steifem Schnee schlagen. Den Zucker unter weiterem Schlagen nach und nach einrieseln lassen und noch so lange weiterschlagen, bis sich der Zucker aufgelöst hat. • Vom Eischnee ¾ Tasse für die Glasur beiseite stellen. • Die Mandeln, den Zimt und den Vanillezucker unter den übrigen Eischnee heben und den Teig in 30 Minuten im Kühlschrank fest werden lassen. • Den Backofen auf 150° vorheizen. 2 Backbleche mit Backpapier auslegen. • Eine Arbeitsfläche mit Puderzucker besieben, den Teig darauf ½ cm dick ausrollen und dabei öfter mit einer Palette von der Unterlage lösen. • Sterne ausstechen, dabei das Förmchen jedesmal in Puderzucker tauchen, damit der Teig nicht daran kleben bleibt. Teigreste rasch wieder zusammenkneten und erneut ausrollen. • Die Sterne auf die Backbleche legen und gleichmäßig mit dem zurückbehaltenen Eischnee bestreichen. • Die Sterne auf der unteren und der mittleren Schiene des Backofens in etwa 25 Minuten mehr trocknen lassen als backen. Nach etwa 12 Minuten das obere und untere Blech gegeneinander austauschen und die Sterne noch so lange im warmen Backofen lassen, bis sie sich leicht vom Backpapier lösen lassen.

Traditionelle und neue Plätzchen

Spitzbuben und Roggenplätzchen, beide genußreich und delikat

Spitzbuben

im Bild innen

Zutaten für 60 Stück:
375 g Mehl · 125 g Zucker
1 Eßl. Vanillezucker
250 g kalte Butter
100 g Himbeerkonfitüre
100 g Puderzucker
Saft von 1 Zitrone
Für das Backblech: Backpapier

Berühmtes Rezept

Pro Stück etwa:
310 kJ/74 kcal · 1 g Eiweiß
4 g Fett · 10 g Kohlenhydrate

Vorbereitungszeit: 1 Stunde
Ruhezeit: 1 Stunde
Backzeit pro Blech: 10 Minuten
Fertigstellung: 30 Minuten

Das Mehl auf eine Arbeitsfläche sieben und in die Mitte eine Mulde drücken. Den Zucker mit dem Vanillezucker hineingeben. • Die Butter in Flöckchen auf den Mehlrand schneiden. Alle Zutaten verkneten, den Teig in Folie wickeln und 1 Stunde im Kühlschrank ruhen lassen. • Den Backofen auf 200° vorheizen. Das Backblech mit Backpapier auslegen. • Den Teig portionsweise knapp ½ cm dick ausrollen und Kreise von 3 cm Durchmesser ausstechen. • Die Plätzchen auf das Backblech legen und auf der mittleren Schiene des Backofens in etwa 10 Minuten goldgelb backen. • Die Konfitüre durch ein Sieb streichen und unter Umrühren leicht erwärmen. • Die Hälfte der Plätzchen mit der Konfitüre bestreichen und jeweils ein unbestrichenes darauf legen. • Den Puderzucker sieben und mit 2 Eßlöffeln heißem Wasser und dem Zitronensaft verrühren. Die Glasur gleichmäßig auf die Plätzchen streichen und trocknen lassen.

Roggenplätzchen mit Mandeln

im Bild außen

Zutaten für 40 Stück:
150 g weiche Butter
1 Eigelb · 50 g Ahornsirup
200 g Roggen-Vollkornmehl
1 gehäufter Eßl. Carobpulver
50 g fein geriebene Mandeln
Zum Verzieren: 20 Mandeln
Für das Backblech: Butter und Mehl

Vollwertrezept
Gelingt leicht

Pro Stück etwa:
280 kJ/67 kcal · 1 g Eiweiß
5 g Fett · 4 g Kohlenhydrate

Vorbereitungszeit: 45 Minuten
Ruhezeit: 1 Stunde
Backzeit pro Blech: 25 Minuten

Die Butter mit dem Eigelb und dem Ahornsirup schaumig rühren. • Das Roggenmehl, das Carobpulver und die Mandeln unter die Buttermasse kneten. • Den Teig zu einer Kugel formen, in Pergamentpapier wickeln und 1 Stunde im Kühlschrank ruhen lassen. • Die Mandeln zum Verzieren mit kochendem Wasser übergießen, kurz darin ziehen lassen, kalt abschrecken und die Haut abziehen. Die Mandeln trokkentupfen und längs halbieren. • Den Backofen auf 180° vorheizen. Das Backblech mit Butter bestreichen und mit Mehl bestäuben. • Aus dem Teig etwa walnußgroße Kugeln formen, auf das Backblech legen, etwas flach drücken und mit je 1 Mandelhälfte belegen. • Die Plätzchen auf der unteren Schiene im Backofen etwa 25 Minuten backen. • Die Roggenplätzchen auf einem Kuchengitter abkühlen lassen.

Linzer Kranzerl

Aus einem besonders feinen Mürbeteig mit krokantähnlicher Kruste

Zutaten für 35 Stück:
4 hartgekochte Eigelbe
120 g Puderzucker
200 g weiche Butter
2 Eßl. Vanillezucker
1 Prise Salz
300 g Mehl
120 g ungehäutete Mandeln
100 g Zucker
2 Eigelbe
100 g Johannisbeergelee
Für das Backblech: Backpapier

Spezialität aus Österreich
Etwas schwierig

Pro Stück etwa:
790 kJ/190 kcal · 4 g Eiweiß
12 g Fett · 15 g Kohlenhydrate

Vorbereitungszeit: 45 Minuten
Ruhezeit: 1 Stunde
Backzeit pro Blech: 12 Minuten
Fertigstellung: 15 Minuten

Die Eigelbe durch ein Haarsieb streichen und mit 80 g gesiebtem Puderzucker, der Butter, dem Vanillezucker und dem Salz schaumig rühren. • Das Mehl über die Buttermasse sieben und alles verkneten. • Den Teig in Folie wickeln und 1 Stunde im Kühlschrank ruhen lassen. • Die Mandeln mit kochendem Wasser überbrühen, kalt abschrecken, die Haut abziehen und die Mandeln hacken. Die Mandeln mit dem Zucker in einem Teller mischen. • Den Backofen auf 200° vorheizen. Das Backblech mit Backpapier auslegen. • Den Teig portionsweise etwa 3 mm dick ausrollen. Etwa 70 Ringe von 4 cm Durchmesser ausstechen und auf das Backblech legen. Die Eigelbe verquirlen, die Ringe damit bestreichen und mit der Mandel-Zucker-Mischung bestreuen. Die Kranzerl auf der mittleren Schiene in etwa 12 Minuten goldgelb backen. • Die Unterseiten der abgekühlten Ringe mit dem Gelee bestreichen und jeweils 2 Ringe zusammensetzen. Mit dem restlichen Puderzucker bestäuben.

Pistazien-Butterplätzchen

Extra fein aus Vollkornmehl, mit Honig gesüßt

Zutaten für 70 Stück:
200 g Weizen-Vollkornmehl
100 g Buchweizenmehl
1½ Teel. Weinstein-Backpulver
2 Eier
1 Prise Salz · 3–4 Eßl. Kefir
3 Eßl. Honig
1 Teel. gemahlene Vanille
abgeriebene Schale von
½ ungespritzten Zitrone
150 g Butter
75 g Pistazien
100 g ungesüßte rote Marmelade (Reformhaus)
1 Eigelb · 1–2 Eßl. Milch
Für das Backblech: Butter

Vollwertrezept

Pro Stück etwa:
220 kJ/52 kcal · 1 g Eiweiß
3 g Fett · 5 g Kohlenhydrate

Vorbereitungszeit: 45 Minuten
Ruhezeit: 30 Minuten
Backzeit pro Blech: 15 Minuten

Beide Mehlsorten mit dem Backpulver mischen und mit den Eiern, dem Salz, dem Kefir, dem Honig, der Vanille, der Zitronenschale und der Butter in Flöckchen verkneten. • Den Teig in Pergamentpapier wickeln und 30 Minuten im Kühlschrank ruhen lassen. • Die Pistazien fein hacken. • Den Backofen auf 200° vorheizen. Das Backblech mit Butter bestreichen. • Den Teig portionsweise etwa 3 mm dick ausrollen und zu beliebigen Formen ausstechen. • Die Hälfte der Plätzchen auf das Backblech legen, mit der Marmelade bestreichen und jeweils ein Plätzchen der gleichen Form auf die Marmelade setzen. • Das Eigelb mit der Milch verquirlen, die Plätzchen damit bestreichen und mit den Pistazien bestreuen. • Die Plätzchen auf der mittleren Schiene in etwa 15 Minuten im Backofen goldbraun backen. • Die Pistazienplätzchen auf einem Kuchengitter abkühlen lassen.

Süße »Brote« von feiner Würze als Plätzchen

Zitronat, Mandeln und Likör vermitteln das feine Aroma

Zedernbrot

im Bild vorne

Zutaten für 100 Stück:
- 500 g ungehäutete Mandeln
- 5 ungehäutete bittere Mandeln
- 450 g Puderzucker
- 3 Eiweiße
- 2 Eßl. Vanillezucker
- 1 Eßl. Zitronensaft
- abgeriebene Schale von 1 ungespritzten Zitrone
- 3–4 Eßl. Amarettolikör
- 8 Eßl. gehackte Pistazien
- Für das Backblech: Backpapier

Etwas teurer

Pro Stück etwa:
230 kJ/55 kcal · 1 g Eiweiß
3 g Fett · 5 g Kohlenhydrate

Vorbereitungszeit: 1¼ Stunden
Backzeit pro Blech: 20 Minuten
Fertigstellung: 15 Minuten

Die süßen und die bitteren Mandeln mit kochendem Wasser überbrühen, kalt abschrecken, die Haut abstreifen und die Mandeln trockentupfen. • Die Mandeln durch die Mandelmühle drehen oder im Mixer fein zerkleinern. • 300 g Puderzucker auf ein Stück Papier sieben. • Die Eiweiße schaumig schlagen, nach und nach den Puderzucker einrieseln lassen und weiterschlagen, bis der Eischnee schnittfest ist. • Die Mandeln, den Vanillezucker, den Zitronensaft und die Zitronenschale unter den Eischnee heben. • Den Backofen auf 170° vorheizen. Das Backblech mit Backpapier auslegen. • Vom Mandelteig mit einem feuchten Teelöffel walnußgroße Häufchen auf das Backblech setzen und diese mit dem Löffelrücken flach drücken und glätten. • Die Plätzchen auf der mittleren Schiene etwa 15 Minuten backen, sofort von Blech lösen und abkühlen lassen. • Den restlichen Puderzucker sieben, mit dem Likör verrühren und die Zedernbrote damit bestreichen. Die Pistazien auf die noch feuchte Glasur streuen und leicht andrücken.

Pomeranzenbrot

im Bild hinten

Zutaten für 60 Stück:
- 75 g Orangeat · 50 g Zitronat
- 60 g Pomeranzenschale
- 75 g ungehäutete Mandeln
- 3 Eier · 200 g Zucker
- 2 Eßl. Zitronensaft
- 200–250 g Mehl
- Für das Backblech: Backpapier

Preiswert • Gelingt leicht

Pro Stück etwa:
200 kJ/48 kcal · 1 g Eiweiß
3 g Fett · 8 g Kohlenhydrate

Vorbereitungszeit: 45 Minuten
Backzeit pro Blech: 20 Minuten

Das Orangeat und das Zitronat in kleine Würfel schneiden. Die Pomeranzenschale in feine Streifen schneiden. Ein Viertel davon beiseite stellen und die übrigen Streifen würfeln. • Die Mandeln durch die Mandelmühle drehen. • Die Eier in einer Schüssel verrühren und etwa ½ Ei beiseite stellen. Die übrigen Eier mit dem Zucker schaumig schlagen. • Das Orangeat, das Zitronat, die gewürfelte Pomeranzenschale, die Mandeln und den Zitronensaft unter die Eiercreme rühren. • Das Mehl darüber sieben und alles mischen. Eventuell noch so viel Mehl hinzufügen, daß sich der Teig kneten läßt. • Den Backofen auf 180° vorheizen. Das Backblech mit Backpapier auslegen. • Den Teig knapp 1 cm dick ausrollen und in 2 × 5 cm große Streifen schneiden. Diese auf das Backblech legen, mit dem zurückbehaltenen Ei bestreichen und mit den Pomeranzenstreifen garnieren. Das Pomeranzenbrot auf der mittleren Schiene etwa 20 Minuten backen, dann sofort vom Blech lösen.

Würzige Makronen mit Früchten

Diese Plätzchen möglichst frisch genießen, bei längerem Stehen werden sie leicht zäh

Wespennester

im Bild vorne

Zutaten für 70 Stück:
125 g Korinthen
3 Eßl. Weinbrand
350 g fein gestiftelte Mandeln
100 g Zucker
125 g zartbittere Schokolade
4 Eiweiße
150 g Puderzucker
2 Teel. Zitronensaft
Für das Backblech: Backpapier

Gelingt leicht

Pro Stück etwa:
260 kJ/62 kcal · 2 g Eiweiß
3 g Fett · 6 g Kohlenhydrate

Vorbereitungszeit: 45 Minuten
Backzeit pro Blech: 25 Minuten

Die Korinthen heiß waschen, abtropfen lassen und mit dem Weinbrand übergießen. • Die Mandelstifte mit dem Zucker in einer trockenen Pfanne unter Umwenden hellbraun rösten, aus der Pfanne schütten, mit einem großen Messer zerstoßen und abkühlen lassen. • Die Schokolade mittelfein raspeln. • Die Eiweiße steif schlagen. Den Puderzucker einrieseln lassen, den Zitronensaft hinzufügen und weiterschlagen, bis der Schnee schnittfest ist. • Den Backofen auf 170° vorheizen. Das Backblech mit Backpapier auslegen. • Die abgetropften Korinthen, die Mandeln und die Schokolade unter den Eischnee heben und kirschgroße Häufchen vom Teig auf das Backblech setzen. • Die Wespennester etwa 25 Minuten auf der mittleren Schiene backen, dann sofort vom Blech nehmen, abkühlen lassen und möglichst frisch verzehren.

Himbeerbrötchen

im Bild hinten

Zutaten für 60 Stück:
100 g Himbeeren, frisch oder tiefgefroren und aufgetaut
150 g Zucker
2 Eßl. Himbeerkonfitüre
2 Eier
1 Eiweiß
1 Teel. Zitronensaft
200 g Mehl
Für das Backblech: Backpapier

Etwas schwierig

Pro Stück etwa:
130 kJ/31 kcal · 1 g Eiweiß
0 g Fett · 6 g Kohlenhydrate

Vorbereitungszeit: 50 Minuten
Backzeit pro Blech: 10 Minuten

Die Himbeeren eventuell waschen, dann durch ein Haarsieb streichen und das Püree in einem Mulltuch sehr gut ausdrükken. • Den Zucker mit dem Himbeerpüree und der Konfitüre verrühren. • Die Eier in Eigelbe und Eiweiße trennen. Die Eigelbe unter die Himbeermasse mischen. • Alle Eiweiße mit dem Zitronensaft zu steifem Schnee schlagen und über die Himbeercreme füllen. Das Mehl darüber sieben und alles vermengen. • Den Backofen auf 190° vorheizen. Das Backblech mit Backpapier auslegen. • Vom Teig kirschgroße Tupfen mit genügend Abstand voneinander auf das Backblech setzen; sie laufen während des Backens auseinander. • Die Brötchen auf der mittleren Schiene im Backofen in etwa 10 Minuten goldgelb bakken. • Die Himbeerbrötchen sofort vom Blech lösen und abkühlen lassen.

Gebäck aus Ost und West

Die Chräbeli sollten 2 Wochen mit einem rumgetränkten Tuch in einer Blechdose lagern

Liegnitzer Törtchen

im Bild rechts

Zutaten für 40 Stück:
500 g Weizen-Vollkornmehl
4 Teel. Weinstein-Backpulver
6 Eßl. Kakaopulver
2 Teel. Zimtpulver
je ½ Teel. gemahlene Gewürznelken und gemahlener Kardamom
150 g abgezogene Mandeln
150 g Korinthen
100 g gewürfeltes Zitronat
200 g weiche Butter
7 Eßl. Honig · 3 Eier
knapp ⅛ l Milch
1 Eßl. Zitronensaft
Zum Garnieren:
200 g Vollmilch-Kuvertüre
40 Cocktailkirschen
40 Papier-Backförmchen von 5 cm Durchmesser

Spezialität aus Polen
Etwas teurer

Pro Stück etwa:
720 kJ/170 kcal · 4 g Eiweiß
12 g Fett · 18 g Kohlenhydrate

Vorbereitungszeit: 40 Minuten
Backzeit pro Blech: 30 Minuten
Fertigstellung: 20 Minuten

Das Mehl mit dem Backpulver, dem Kakao und den Gewürzen mischen. • Die Mandeln in der Mandelmühle reiben. • Die Korinthen heiß waschen und abtropfen lassen. • Alle vorbereiteten Zutaten mit dem Zitronat, der Butter, dem Honig, den Eiern, der Milch und dem Zitronensaft zu einem glatten Teig verrühren. • Den Backofen auf 150° vorheizen. • Den Teig bis zu zwei Drittel Höhe in die Papierförmchen füllen, auf das Backblech stellen und im heißen Backofen auf der mittleren Schiene 30 Minuten backen. • Die Törtchen in den Förmchen abkühlen lassen. • Die Kuvertüre im heißen Wasserbad schmelzen lassen. Die Cocktailkirschen eventuell halbieren. • Die Oberflächen der Törtchen mit der Kuvertüre überziehen und auf die noch feuchte Kuvertüre je 2 halbe oder 1 ganze Kirsche geben.

Schweizer Chräbeli

im Bild links

Zutaten für 80 Stück:
2 Eier · 200 g Zucker
2 Eßl. Rum
1 Eßl. zerstoßene Anissamen
250 g Mehl
Für das Backblech: Butter und Mehl

Preiswert • Spezialität

Pro Stück etwa:
110 kJ/26 kcal · 1 g Eiweiß
0 g Fett · 5 g Kohlenhydrate

Vorbereitungszeit: 40 Minuten
Ruhezeit: 12 Stunden
Backzeit pro Blech: 20 Minuten

Die Eier mit dem Zucker und dem Rum zu einer weißschaumigen Creme verrühren. • Die Anissamen und das Mehl nach und nach unter die Eiercreme rühren. • Den Teig auf einer bemehlten Arbeitsläche zu fingerdicken, 6 cm langen Röllchen formen. Diese an einer Seite mit einem Messer dreimal schräg bis zur Mitte hin einschneiden. • Möglichst zwei Backbleche mit Butter bestreichen und mit Mehl bestäuben. Die Chräbeli mit den Einschnitten nach außen hörnchenförmig biegen, auf die Bleche legen und zugedeckt bei Raumtemperatur 12 Stunden ruhen lassen. • Den Backofen auf 160° vorheizen. • Die Chräbeli etwa 20 Minuten auf der mittleren Schiene backen, bis der Boden der Plätzchen leicht zu bräunen beginnt. • Die Chräbeli abkühlen lassen, dann von einem rumgetränkten Tüchlein bedeckt in einer Blechdose lagern.

Schokoladenplätzchen für groß und klein

Ob die Schokolade im Teig steckt oder nachträglich dazukommt, sie verfeinert jedes Gebäck

Schokoladen-stäbchen

im Bild links

Zutaten für 100 Stück:
200 g Mehl
75 g Zucker
1 kleines Ei
100 g Butter
100 g Zartbitter-Kuvertüre
Für das Backblech: Backpapier

Gelingt leicht

Pro Stück etwa:
100 kJ/24 kcal · 0 g Eiweiß
1 g Fett · 3 g Kohlenhydrate

Vorbereitungszeit: 50 Minuten
Ruhezeit: 1 Stunde
Backzeit pro Blech: 10 Minuten
Fertigstellung: 20 Minuten

Das Mehl mit dem Zucker auf eine Arbeitsfläche schütten. In die Mitte eine Mulde drücken und das Ei hineingeben. • Die Butter in Flöckchen über das Mehl schneiden und diese Zutaten zu einem geschmeidigen Teig verkneten. • Den Teig in Folie wickeln und 1 Stunde in den Kühlschrank legen. • Den Backofen auf 200° vorheizen. Das Backblech mit Backpapier auslegen. • Den Teig portionsweise in kleineren Stücken zu bleistiftdikken Röllchen formen und diese auf 5 cm kürzen. • Die Stäbchen auf das Backblech legen und auf der mittleren Schiene im Backofen in etwa 10 Minuten hellgelb backen. • Die Stäbchen auf einem Kuchengitter abkühlen lassen. • Die Kuvertüre im heißen Wasserbad schmelzen lassen, die Stäbchen in die Kuvertüre tauchen, kurz abtropfen lassen und zum Trocknen auf Pergamentpapier legen.

Schokoladen-schäumchen

im Bild rechts

Zutaten für 100 Stück:
300 g Puderzucker
2 Eiweiße
1 Prise Salz
1 Eßl. Zitronensaft
3 Eßl. Kakaopulver
200 g Instant-Schokoladenpulver
Für das Backblech: Backpapier

Etwas schwierig • Preiswert

Pro Stück etwa:
100 kJ/24 kcal · 0 g Eiweiß
1 g Fett · 4 g Kohlenhydrate

Vorbereitungszeit: 45 Minuten
Backzeit pro Blech: 15 Minuten

Den Backofen auf 150° vorheizen. Das Backblech mit Backpapier auslegen. • Den Puderzucker auf ein Stück Pergamentpapier sieben. • Die Eiweiße mit dem Salz und dem Zitronensaft schaumig schlagen. Nach und nach den Puderzucker einrieseln lassen und weiterschlagen, bis der Eischnee glänzt und schnittfest ist. • Das Kakaopulver und das Schokoladenpulver über den Eischnee streuen und mit einem Rührlöffel unterheben. • Die Baisermasse in einen Spritzbeutel mit kleiner Sterntülle füllen und haselnußgroße Tupfen davon auf das Backblech spritzen. • Die Schäumchen auf der mittleren Schiene im Backofen in etwa 15 Minuten mehr trocknen lassen als backen. Sie sind gar, wenn sie sich leicht auf dem Backpapier verschieben lassen. • Die Schokoladenschäumchen abkühlen lassen und zwischen Lagen zerknülltem Seidenpapier aufbewahren, da sie leicht zerbrechen.

Aromatische Plätzchen aus alten Zeiten

Diese Rezepte stammen aus alten Aufzeichnungen mit viel Tradition

Muskaziner

im Bild vorne

Zutaten für 70 Stück:
300 g ungehäutete Mandeln
250 g Zucker
3 Eier · 1 Teel. Zimtpulver
2 Messerspitzen frisch geriebene Muskatnuß
200 g Mehl
Für das Backblech: Backpapier

Berühmtes Rezept

Pro Stück etwa:
240 kJ/57 kcal · 2 g Eiweiß
3 g Fett · 6 g Kohlenhydrate

Vorbereitungszeit: 50 Minuten
Ruhezeit: 2 Stunden
Backzeit pro Blech: 10 Minuten

Die Mandeln durch die Mandelmühle drehen. • Den Zucker mit den Eiern weißschaumig rühren. Den Zimt, den Muskat und die Mandeln untermischen. • Das Mehl über die Schaummasse sieben und nach und nach unterrühren. • Den Teig zugedeckt bei Raumtemperatur 2 Stunden ruhen lassen. • Den Backofen auf 180° vorheizen. Das Backblech mit Backpapier auslegen. • Aus dem Teig mit bemehlten Händen kirschgroße Kugeln formen, mit genügend Abstand voneinander auf das Backblech legen und etwas flach und oval drücken; die Muskaziner gehen beim Backen auf und laufen etwas auseinander. • Die Plätzchen auf der mittleren Schiene im Backofen in etwa 10 Minuten goldgelb backen. • Die Muskaziner auf einem Kuchengitter abkühlen lassen.

Bretonische Mandelplätzchen

im Bild hinten

Zutaten für 90 Stück:
300 g Mehl
2 Eigelbe
2 Eßl. Calvados (Apfelbranntwein)
150 g feiner Zucker
2 Teel. Vanillezucker
1 Prise Salz
175 g Butter
125 g abgezogene Mandeln
Für das Backblech: Backpapier

Spezialität aus Frankreich
Gelingt leicht

Pro Stück etwa:
210 kJ/50 kcal · 1 g Eiweiß
3 g Fett · 4 g Kohlenhydrate

Vorbereitungszeit: 50 Minuten
Ruhezeit: 30 Minuten
Backzeit pro Blech: 10 Minuten

Das Mehl auf eine Arbeitsfläche sieben und in die Mitte eine Mulde drücken. Die Eigelbe und den Calvados hineingeben. • Den Zucker, den Vanillezucker und das Salz darüber streuen. • Die Butter in Flöckchen über das Mehl schneiden und diese Zutaten zu einem geschmeidigen Teig verkneten. • Den Teig in Folie wickeln und 15 Minuten in der Kühlschrank legen. • Die Mandeln mittelfein hacken, unter den gekühlten Teig kneten und diesen erneut 15 Minuten kühl stellen. • Den Backofen auf 200° vorheizen. Das Backblech mit Backpapier auslegen. • Den Teig portionsweise auf einer bemehlten Arbeitsfläche knapp ½ cm dick ausrollen und Kreise von 4 cm Durchmesser ausstechen. • Die Kreise auf das Backblech legen und auf der mittleren Schiene des Backofens in etwa 10 Minuten goldgelb backen. • Die Plätzchen auf einem Kuchengitter abkühlen lassen.

Hörnchen und Taler mit Nüssen und Nougat

Je kleiner Sie das Gebäck formen, desto mehr reizt es die Geschmacksnerven

Nougathörnchen

im Bild vorne

Zutaten für 80 Stück:
100 g weiche Butter
200 g Nußnougat · 1 Ei
2 Eßl. Vanillezucker
½ Teel. Zimtpulver
1 Prise Salz · 300 g Mehl
½ Teel. Backpulver
100 g Zartbitter-Kuvertüre
Für das Backblech: Butter
Zum Formen: etwas Zucker

Berühmtes Rezept
Spezialität aus Österreich

Pro Stück etwa:
190 kJ/45 kcal · 1 g Eiweiß
2 g Fett · 5 g Kohlenhydrate

Vorbereitungszeit: 40 Minuten
Ruhezeit: 3 Stunden
Backzeit pro Blech: 12 Minuten
Fertigstellung: 15 Minuten

Die Butter mit der Nougatmasse mischen. Das Ei, den Vanillezucker, den Zimt und das Salz unterrühren. • Das Mehl mit dem Backpulver darüber sieben und unterkneten. • Den Teig zugedeckt 3 Stunden im Kühlschrank ruhen lassen. • Den Backofen auf 200° vorheizen. Das Backblech mit Butter bestreichen. • Aus dem Teig portionsweise auf einer leicht mit Zucker bestreuten Arbeitsfläche gut bleistiftdicke Stränge rollen und in 6 cm lange Stücke schneiden. Die Teigstückchen zu Hörnchen biegen und auf das Backblech legen. • Die Hörnchen auf der mittleren Schiene im Backofen etwa 12 Minuten backen. • Die Hörnchen auf einem Kuchengitter abkühlen lassen. • Die Kuvertüre im heißen Wasserbad schmelzen lassen. Beide Enden der abgekühlten Hörnchen in die Kuvertüre tauchen und diese auf Pergamentpapier trocknen lassen.

Haselnußtaler

im Bild hinten

Zutaten für 80 Stück:
300 g Mehl · 1 Ei
150 g Zucker · 1 Prise Salz
1 Teel. Backpulver
½ Teel. Zimtpulver
3 Eßl. Kakaopulver
150 g geriebene Haselnüsse
175 g Butter
200 g Haselnuß-Fettglasur
Für das Backblech: Backpapier

Gelingt leicht

Pro Stück etwa:
220 kJ/52 kcal · 10 g Eiweiß
3 g Fett · 5 g Kohlenhydrate

Vorbereitungszeit: 30 Minuten
Ruhezeit: 2 Stunden
Backzeit pro Blech: 12 Minuten
Fertigstellung: 25 Minuten

Das Mehl auf eine Arbeitsfläche sieben, in die Mitte eine Mulde drücken und das Ei hineingeben. • Den Zucker, das Salz, das Backpulver, den Zimt, das Kakaopulver und die Nüsse über das Mehl streuen. • Die Butter in Flöckchen über das Mehl schneiden. Alle Zutaten zu einem glatten Teig verkneten. • Den Teig zu zwei Rollen von 3 cm Durchmesser formen, in Folie wickeln und 2 Stunden in den Kühlschrank legen. • Den Backofen auf 200° vorheizen. Das Backblech mit Backpapier auslegen. • Die Rollen in ½ cm dicke Scheiben schneiden und auf das Backblech legen. Die Taler auf der mittleren Schiene im Backofen etwa 12 Minuten backen. • Die Plätzchen sofort vom Backblech nehmen, da sie sonst auf dem heißen Blech nachbacken und von unten leicht zu dunkel werden. • Die Haselnuß-Fettglasur im heißen Wasserbad schmelzen. Die abgekühlten Taler zur Hälfte in die Glasur tauchen und auf Pergamentpapier trocknen lassen.

Spezialitäten, die Abwechslung bringen

Einmal altbekannt und geschätzt, einmal unbekannt und gern entdeckt

Baumkuchenecken

im Bild außen

Zutaten für 80 Stück:
250 g Butter · 250 g Zucker
5 Eier · 125 g Mehl
125 g Speisestärke
abgeriebene Schale von
1 kleinen ungespritzten Zitrone
Mark von 1 Vanilleschote
50 g fein gehackte Mandeln
2 Eßl. Rum · 400 g Zartbitter-Kuvertüre · 50 g Kokosfett
Für die Springform von 24 cm Durchmesser: Backpapier

Berühmtes Rezept

Pro Stück etwa:
390 kJ/93 kcal · 1 g Eiweiß
6 g Fett · 8 g Kohlenhydrate

Vorbereitungszeit: 40 Minuten
Backzeit: 30–40 Minuten
Fertigstellung: 20 Minuten

Die Butter mit dem Zucker gut schaumig rühren. • Die Eier in Eigelbe und Eiweiße trennen. Die Eigelbe einzeln unter die Buttermasse rühren. • Das Mehl mit der Speisestärke darüber sieben. Die Zitronenschale, das Vanillemark, die Mandeln und den Rum hinzufügen und alle Zutaten zu einem schwer reißenden Teig verrühren. • Die Eiweiße zu schnittfestem Schnee schlagen und mit einem Rührlöffel unter den Teig heben. • Den Backofen auf 225° vorheizen. Den Boden der Springform mit Backpapier auslegen. • Eine etwa ½ cm dicke Teigschicht in die Form streichen und auf der oberen Schiene des Backofens in etwa 2 Minuten goldgelb backen. • Auf die gebackene Schicht erneut dünn Teig streichen und ebenfalls 2 Minuten backen. So fortfahren, bis der Teig verbraucht ist. • Die Baumkuchentorte vom Rand der Form lösen, auf ein Kuchengitter stürzen und abkühlen lassen. • Die Kuvertüre mit dem Kokosfett im heißen Wasserbad schmelzen. • Die Torte in 16 Stücke und jedes Stück in 5 gleich große Ecken schneiden. • Die Ecken auf eine Gabel legen, zur Hälfte in die Kuvertüre tauchen und diese auf Pergamentpapier trocknen lassen.

Frucht-Cookies

im Bild innen

Zutaten für 50 Stück:
175 g kernlose Rosinen
4 Eßl. Whisky · 30 g Butter
50 g Zuckerrohrgranulat
1 Ei · 100 g Mehl
1 Teel. Backpulver
1 Teel. Zimtpulver
je 1 Messerspitze gemahlener Kardamom, geriebene Muskatnuß und gemahlene Gewürznelken
200 g Pecanußkerne
200 g rote Belegkirschen
Für das Backblech: Backpapier

Spezialität aus den USA
Braucht etwas Zeit

Pro Stück etwa:
250 kJ/60 kcal · 1 g Eiweiß
4 g Fett · 5 g Kohlenhydrate

Quellzeit: 12 Stunden
Vorbereitungszeit: 40 Minuten
Backzeit pro Blech: 15 Minuten

Die Rosinen heiß waschen, abtropfen lassen, mit dem Whisky beträufeln und 12 Stunden zugedeckt quellen lassen. • Die Butter, das Zuckerrohrgranulat und das Ei schaumig rühren. • Das Mehl, das Backpulver und die Gewürze unter die Schaummasse rühren. • Den Backofen auf 200° vorheizen. Das Backblech mit Backpapier auslegen. • Die Nüsse und die Kirschen vierteln und mit den Rosinen und dem Whisky unter den Teig mischen. • Vom Teig walnußgroße Häufchen auf das Backblech setzen und auf der mittleren Schiene etwa 15 Minuten backen.

Grenobler Nußplätzchen

Diese delikaten Plätzchen gehören fast ins Reich der kleinen Patisserie

Zutaten für 40 Stück:
120 g Mehl · 50 g Zucker
70 g geriebene Haselnüsse
je 1 Prise Salz und Zimtpulver
abgeriebene Schale von
½ ungespritzten Zitrone
1 Eigelb · 80 g kalte Butter
Zum Belegen:
1 Eiweiß · 60 g Zucker
50 g geriebene Haselnüsse
40 Haselnußkerne
Für das Backblech: Butter

Spezialität aus Frankreich

Pro Stück etwa:
310 kJ/74 kcal · 2 g Eiweiß
7 g Fett · 9 g Kohlenhydrate

Vorbereitungszeit: 40 Minuten
Ruhezeit: 30 Minuten
Backzeit: 12–15 Minuten

Das Mehl mit dem Zucker, den Nüssen, dem Salz, dem Zimt und der Zitronenschale mischen, auf eine Arbeitsfläche schütten und in die Mitte eine Mulde drükken. • Das Eigelb in die Mulde geben. Die Butter in Flöckchen über das Mehl schneiden und alle Zutaten zunächst mit einem großen Messer zerhacken, dann mit den Händen zu einem Teig verkneten. • Den Teig zu einer Rolle von 4 cm Durchmesser formen, in Folie wickeln und 30 Minuten im Kühlschrank ruhen lassen. • Den Backofen auf 200° vorheizen. Das Backblech mit Butter bestreichen. • Das Eiweiß schaumig schlagen, den Zucker einrieseln lassen und weiterschlagen, bis der Eischnee schnittfest ist. Die gemahlenen Nüsse unter den Eischnee heben. • Die Teigrolle in 40 gleich dicke Scheiben schneiden, auf das Backblech legen, mit der Baisermasse bestreichen und in die Mitte eines jeden Plätzchens 1 Haselnuß setzen. • Die Plätzchen auf der mittleren Schiene im Backofen in 12 bis 15 Minuten goldbraun backen. • Die Nußplätzchen auf einem Kuchengitter abkühlen lassen.

Quittenplätzchen

Sie schmecken auch mit Apfel- oder Himbeergelee

Zutaten für 50 Stück:
350 g Weizen-Vollkornmehl
½ Teel. Weinstein-Backpulver
1 Prise Salz
200 g weiche Butter
80 g Zuckerrohrgranulat
50 g ungehäutete Mandeln
200 g Quittengelee mit Honig (Reformhaus/Naturkostladen)
2 Eßl. Kokosflocken
1 Eigelb · 1–2 Eßl. Milch
Für das Backblech: Butter

Vollwertrezept

Pro Stück etwa:
350 kJ/83 kcal · 1 g Eiweiß
5 g Fett · 9 g Kohlenhydrate

Vorbereitungszeit: 45 Minuten
Ruhezeit: 1 Stunde
Backzeit pro Blech: 15 Minuten

Das Mehl mit dem Backpulver und dem Salz in einer Schüssel mischen. • Die Butter in Flöckchen darüber schneiden, das Zuckerrohrgranulat und etwas eiskaltes Wasser hinzufügen und alle Zutaten zu einem geschmeidigen Teig verkneten. • Den Teig in Pergamentpapier wickeln und 1 Stunde in den Kühlschrank legen. • Die Mandeln mit kochendheißem Wasser überbrühen, kurz darin ziehen lassen, kalt abschrecken und die Haut abziehen. • Die Mandeln trockentupfen, grob hacken und mit dem Quittengelee und den Kokosflocken mischen. • Den Backofen auf 180° vorheizen. Das Backblech mit Butter bestreichen. • Den Teig portionsweise auf einer bemehlten Arbeitsfläche 3 mm dick ausrollen und beliebige Formen im Durchmesser von etwa 4 cm ausstechen. • Die Hälfte der Plätzchen auf das Backblech legen, mit der Quittenmasse bestreichen und jeweils mit einem Plätzchen der selben Form bedecken. • Das Eigelb mit der Milch verquirlen, die Plätzchen damit bestreichen und auf der mittleren Schiene im Backofen in etwa 15 Minuten goldgelb bakken. • Die Plätzchen auf einem Kuchengitter abkühlen lassen.

Hafer- und Hirseplätzchen

Mit Zitronenschale und Trockenfrüchten aromatisiert

Feine Hirseplätzchen

im Bild vorne

Zutaten für 60 Stück:
150 g weiche Butter · 1 Eigelb
3 Eßl. Ahornsirup
150 g Weizen-Vollkornmehl
150 g feingemahlene Hirse
abgeriebene Schale von
½ ungespritzten Zitrone
Zum Bestreichen und Belegen:
1 Eigelb · 1–2 Eßl. Milch
60 abgezogene Mandelhälften
Für das Backblech: Butter

Vollwertrezept • Schnell

Pro Stück etwa:
220 kJ/52 kcal · 1 g Eiweiß
4 g Fett · 4 g Kohlenhydrate

Vorbereitungszeit: 40 Minuten
Ruhezeit: 1 Stunde
Backzeit pro Blech: 20 Minuten

Die Butter mit dem Eigelb und dem Ahornsirup schaumig rühren. • Das Weizenmehl, das Hirsemehl und die Zitronenschale darüber streuen und alles zu einem glatten Teig verkneten. • Den Teig zu einer Rolle formen, in Pergamentpapier wickeln und 1 Stunde in den Kühlschrank legen. • Den Backofen auf 180° vorheizen. Das Backblech mit Butter bestreichen. • Von der Teigrolle gleich dünne Scheiben abschneiden und auf das Backblech legen. • Das Eigelb mit der Milch verquirlen, die Plätzchen damit bestreichen und mit je 1 Mandelhälfte verzieren. • Die Hirseplätzchen auf der mittleren Schiene im Backofen in etwa 20 Minuten goldgelb backen. • Die Plätzchen auf einem Kuchengitter abkühlen lassen.

Aprikosen-Haferplätzchen

im Bild hinten

Zutaten für 50 Stück:
50 g getrocknete ungeschwefelte Aprikosen
1½ Eßl. Zitronensaft
1 Eßl. Cognac
150 g Weizen-Vollkornmehl
100 g feingemahlener Hafer
1 Teel. Zimtpulver
½ Teel. gemahlene Vanille
100 g Butter · 1 Ei
2 Eßl. flüssiger Honig
Für das Backblech: Butter

Vollwertrezept

Pro Stück etwa:
160 kJ/38 kcal · 1 g Eiweiß
2 g Fett · 4 g Kohlenhydrate

Vorbereitungszeit: 50 Minuten
Ruhezeit: 1 Stunde
Backzeit pro Blech: 25 Minuten

Die Aprikosen sehr klein würfeln, mit dem Zitronensaft und dem Cognac begießen und zugedeckt 30 Minuten quellen lassen. • Die beiden Mehlsorten mit dem Zimt und der Vanille in einer Schüssel mischen. • Die Butter in Flöckchen darüber schneiden. Das Ei, den Honig und die Aprikosen mit der Quellflüssigkeit hinzufügen und alles zu einem geschmeidigen Teig verkneten. Sollte der Teig zu fest sein, noch etwas kaltes Wasser unterkneten. • Den Teig zu einer Rolle formen, in Pergamentpapier wickeln und 1 Stunde in den Kühlschrank legen. • Den Backofen auf 180° vorheizen. Ein Backblech mit Butter bestreichen. • Von der Teigrolle gleich dünne Scheiben abschneiden, auf das Backblech legen und auf der mittleren Schiene des Backofens in etwa 25 Minuten goldbraun backen. • Die Aprikosen-Haferplätzchen auf einem Kuchengitter abkühlen lassen.

Unser Tip: Hafer ist die fettreichste Getreidesorte und läßt sich deshalb nur in einer Getreidemühle mit Stahlwerk mahlen.

Fein gewürztes Weihnachtsgebäck

Gewürze schmecken frisch gemahlen besonders aromatisch

Fünfkorn-Gewürzplätzchen

im Bild links

Zutaten für 40 Stück:
3 Eier · 80 g Zuckerrohrgranulat
je ¼ Teel. gemahlener Kardamom, gemahlene Muskatblüte und Gewürznelken
2 Teel. Carobpulver
1 Eßl. Cognac oder Zitronensaft
je 50 g feingemahlener Weizen, Roggen, Gerste, Hafer und Buchweizen
1 gehäufter Teel. Weinstein-Backpulver
Für das Backblech: Butter und Mehl

Vollwertrezept • Schnell

Pro Stück etwa:
176 kJ/40 kcal · 2 g Eiweiß
1 g Fett · 6 g Kohlenhydrate

Vorbereitungszeit: 20 Minuten
Backzeit pro Blech: 15 Minuten

Die Eier mit dem Zuckerrohrgranulat, den Gewürzen, dem Carobpulver und dem Cognac oder dem Zitronensaft sehr schaumig rühren. • Alle Mehlsorten mit dem Backpulver mischen und unter die Schaummasse rühren. • Den Backofen auf 200° vorheizen. Das Backblech mit Butter bestreichen und mit Mehl bestäuben. • Vom Teig mit zwei Teelöffeln walnußgroße Häufchen auf das Backblech setzen und diese auf der mittleren Schiene im Backofen in etwa 15 Minuten leicht bräunen lassen. • Die Plätzchen sofort vom Blech lösen und auf einem Kuchengitter abkühlen lassen.

Gewürzschnitten mit Korinthen

im Bild rechts

Zutaten für 60 Stück:
60 g Korinthen
Saft von 1 Orange
3 Eier · 1 Eigelb
100 g Zuckerrohrgranulat
2 Eßl. flüssiger Honig
1 Teel. Zimtpulver
je ½ Teel. gemahlene Gewürznelken und gemahlener Kardamom
200 g geriebene Mandeln
250 g Weizen-Vollkornmehl
1 Teel. Weinstein-Backpulver
60 abgezogene Mandelhälften
Zum Bestreichen:
1 Eigelb · 1–2 Eßl. Milch
Für das Backblech: Butter

Vollwertrezept
Gelingt leicht

Pro Stück etwa:
280 kJ/67 kcal · 2 g Eiweiß
4 g Fett · 5 g Kohlenhydrate

Vorbereitungszeit: 50 Minuten
Backzeit: 35 Minuten

Die Korinthen heiß waschen, trockentupfen, mit dem Orangensaft beträufeln und zugedeckt 30 Minuten quellen lassen. • Die Eier mit dem Eigelb, dem Zuckerrohrgranulat, dem Honig und den Gewürzen gut schaumig rühren. • Die Korinthen mit dem Saft und die Mandeln unterrühren. • Das Mehl mit dem Backpulver darüber sieben und unter die Schaummasse heben. • Den Backofen auf 175° vorheizen. Das Backblech mit Butter bestreichen. • Den Teig mit einem feuchten Teigschaber auf das Backblech streichen, die Mandelhälften gleichmäßig darauf verteilen und den Teig auf der mittleren Schiene etwa 35 Minuten backen. • Das Eigelb mit der Milch verquirlen, die Teigplatte nach 20 Minuten damit bestreichen. • Aus dem noch warmen Kuchen 60 gleich große Rauten schneiden und auf einem Kuchengitter abkühlen lassen.

Vom bunten Teller andrer Länder

Köstliche Spezialitäten, überraschend feines Naschwerk

Borrachuelos de Canela

Zimtkugeln
im Bild links

Zutaten für 30 Stück:
4 Eier
4 Eßl. Zucker
2 Eßl. trockener Sherry
2 Eßl. Vanillezucker
1 Teel. Zimtpulver
300 g Semmelbrösel
Zum Fritieren:
½ l geschmacksneutrales Öl
1 Eßl. Puderzucker

Spezialität aus Spanien
Gelingt leicht

Pro Stück etwa:
340 kJ/81 kcal · 3 g Eiweiß
3 g Fett · 9 g Kohlenhydrate

Vorbereitungszeit: 20 Minuten
Quellzeit: 30 Minuten
Fritierzeit: 20 Minuten

Die Eier mit dem Zucker gut schaumig rühren. • Den Sherry, den Vanillezucker und den Zimt untermischen. • Nach und nach die Semmelbrösel unter die Schaummasse rühren und diese zugedeckt bei Raumtemperatur 30 Minuten quellen lassen. • Das Öl in einer Friteuse oder in einem Fritiertopf auf 180° erhitzen. • Vom Teig mit einem Teelöffel 30 walnußgroße Stücke abstechen und zu Kugeln formen. Jeweils 6 Kugeln im heißen Öl in etwa 4 Minuten goldbraun fritieren. • Die fritierten Kugeln auf saugfähigem Papier abtropfen und abkühlen lassen und mit dem Puderzucker besieben.

Polnische Marzipanrauten

im Bild rechts

Zutaten für 50 Stück:
100 abgezogene Mandeln
4 bittere abgezogene Mandeln
5 Eier
200 g weiche Butter
250 g Puderzucker
2 Eßl. Vanillezucker
1 Eßl. Rum
250 g Mehl
2 Teel. Zitronensaft
Zum Bestreuen:
50 g Mandelblättchen
3 Eßl. Puderzucker
Für das Backblech: Butter

Spezialität
Gelingt leicht

Pro Stück etwa:
440 kJ/100 kcal · 2 g Eiweiß
6 g Fett · 10 g Kohlenhydrate

Vorbereitungszeit: 50 Minuten
Backzeit: 50 Minuten

Die süßen und die bitteren Mandeln durch die Mandelmühle drehen. • Die Eier in Eigelbe und Eiweiße trennen. • Die Butter mit dem Puderzucker und dem Vanillezucker schaumig rühren. Die Eigelbe einzeln unter die Schaummasse schlagen. Den Rum hinzufügen. • Das Mehl portionsweise darüber sieben und unterrühren. • Den Backofen auf 180° vorheizen. Das Backblech mit Butter bestreichen. • Die Eiweiße mit dem Zitronensaft zu steifem Schnee schlagen. • Die geriebenen Mandeln und den Eischnee auf den Teig füllen und unterheben. • Den Teig auf das Backblech streichen. Die Mandelblättchen darauf streuen, den Puderzucker darüber sieben und den Teig auf der mittleren Schiene im Backofen in etwa 50 Minuten goldgelb backen. • Den Kuchen noch warm in 50 gleich große Rauten schneiden und diese auf einem Kuchengitter völlig abkühlen lassen.

Backbeginn: zweiter Advent

Nach einigen Wochen Lagerzeit werden die harten Plätzchen weich und würzig

Pfeffernüsse

im Bild links

Zutaten für 90 Stück:
50 g Zitronat · 2 Eier
200 g Zucker
1 gestrichener Teel. Hirschhornsalz
abgeriebene Schale von 1 ungespritzten Zitrone
¼ Teel. frisch gemahlener weißer Pfeffer
je 1 Messerspitze gemahlene Gewürznelken, gemahlener Kardamom, geriebene Muskatnuß und Piment
1 Teel. Zimtpulver
250 g Mehl · 100 g Speisestärke
4 Eßl. Milch · 1 Eiweiß
100 g Puderzucker
Für das Backblech: Butter

Gelingt leicht

Pro Stück etwa:
140 kJ/33 kcal · 1 g Eiweiß
1 g Fett · 7 g Kohlenhydrate

Vorbereitungszeit: 50 Minuten
Backzeit pro Blech: 15 Minuten
Fertigstellung: 15 Minuten

Das Zitronat sehr klein hakken. • Die Eier mit dem Zukker gut schaumig rühren. Das Hirschhornsalz in wenig kaltem Wasser auflösen und mit der Zitronenschale sowie allen Gewürze untermischen. • Das Mehl mit der Speisestärke über die Schaummasse sieben, das Zitronat darüber streuen und alles mit der Milch unter den Teig kneten. • Den Backofen auf 200° vorheizen. Das Backblech mit Butter bestreichen. • Den Teig 1 cm dick ausrollen, Kreise von 3 cm Durchmesser ausstechen, auf das Backblech legen und auf der mittleren Schiene etwa 15 Minuten backen. • Das Eiweiß mit dem gesiebten Puderzucker verrühren. Die Glasur in ein Pergamenttütchen geben und ein Zickzackmuster auf die Pfeffernüsse spritzen.

Lebkuchen mit Zimtglasur

im Bild rechts

Zutaten für 100 Stück:
150 g Farinzucker
150 Zuckerrübensirup
150 g Butter
1 Prise Salz
je 1 Messerspitze gemahlene Gewürznelken, geriebene Muskatnuß und Piment
500 g Mehl · 1 Teel. Backpulver
1 Ei · 200 g Puderzucker
1 Teel. Zimtpulver
4 Eßl. Sahne
Für das Backblech: Butter

Gelingt leicht • Preiswert

Pro Stück etwa:
210 kJ/50 kcal · 1 g Eiweiß
2 g Fett · 8 g Kohlenhydrate

Vorbereitungszeit: 1 Stunde
Ruhezeit: 30 Minuten
Backzeit pro Blech: 20 Minuten
Fertigstellung: 15 Minuten

Den Farinzucker mit dem Sirup und der Butter unter Rühren bei schwacher Hitze zerlassen, bis kurz vor den Siedepunkt bringen und wieder auf Raumtemperatur abkühlen lassen. • Das Salz und die Gewürze unter das Zuckergemisch rühren. • Das Mehl mit dem Backpulver in eine Schüssel sieben, das Zuckergemisch und das Ei hinzufügen und alle Zutaten zu einem geschmeidigen Teig verkneten. • Den Teig in Folie wickeln und 30 Minuten in den Kühlschrank legen. • Den Backofen auf 180° vorheizen. Das Backblech mit Butter bestreichen. • Den Teig auf einer bemehlten Arbeitsfläche ½ cm dick ausrollen und 2 × 6 cm große Rechtecke ausschneiden. Diese auf das Backblech legen und auf der mittleren Schiene im Backofen etwa 20 Minuten backen. • Den Puderzucker sieben, mit dem Zimt und der Sahne verrühren und die Lebkuchen damit überziehen.

Luisenlebkuchen

Sie ähneln den Elisenlebkuchen, doch deren Rezept ist das Geheimnis der Nürnberger Lebzelter

Zutaten für 30 Stück:
200 g ungehäutete Mandeln
50 g Orangeat
2 Eier · 200 g Zucker
3 Teel. Zimtpulver
½ Teel. gemahlener Kardamom
1 Messerspitze gemahlene Gewürznelken
½ Teel. abgeriebene ungespritzte Zitronenschale
1 Prise Salz · 100 g Mehl
½ Teel. Backpulver
30 Backoblaten von 4 cm Durchmesser
75 g Puderzucker
1 Eßl. Zitronensaft
50 g Zartbitter-Kuvertüre
je 1 Eßl. gehackte Pistazien und Mandeln

Braucht etwas Zeit

Pro Stück etwa:
495 kJ/120 kcal · 3 g Eiweiß
6 g Fett · 14 g Kohlenhydrate

Vorbereitungszeit: 40 Minuten
Ruhezeit: 1 Stunde
Backzeit pro Blech: 20 Minuten
Fertigstellung: 20 Minuten

Die Mandeln mahlen. Das Orangeat fein hacken. • Die Eier mit dem Zucker weißschaumig schlagen. Die Gewürze, die Zitronenschale und das Salz untermischen. Die Mandeln mit einem Rührlöffel unter die Schaummasse mengen. • Das Mehl mit dem Backpulver darüber sieben und locker untermischen. • Die Oblaten auf das Backblech legen. • Vom Teig Häufchen auf die Oblaten setzen, mit einem feuchten Messer bergartig in eine runde Form streichen und 1 Stunde ruhen lassen. • Den Backofen auf 175° vorheizen. • Die Lebkuchen auf der mittleren Schiene in etwa 20 Minuten goldbraun backen. • Den Puderzucker sieben und mit dem Zitronensaft verrühren. • Die Kuvertüre im heißen Wasserbad schmelzen lassen. • Die Hälfte der Lebkuchen mit der Zitronenglasur bestreichen und mit den Pistazien bestreuen, die andere Hälfte mit der Kuvertüre überziehen und mit den Mandeln bestreuen.

Lebkuchen mit Nüssen oder Trockenfrüchten

Sie halten sich in einer verschlossenen Blechdose einige Wochen frisch

Mandel-Carob-Lebkuchen

im Bild vorne

Zutaten für 20 Stück:
250 g abgezogene, geriebene Mandeln · 75 g Carobpulver
1 Eßl. Rum oder Orangensaft
abgeriebene Schale von ½ ungespritzten Zitrone
1 Prise Salz
½ Teel. Zimtpulver
1 Prise gemahlene Gewürznelken
1 Ei · 80 g Zuckerrohrgranulat
3 Eiweiße · 1 Teel. Zitronensaft
Für die Glasur:
2 Eßl. Butter · ½ Eßl. Carobpulver · 3 Eßl. Honig
Für das Backblech: Butter

Vollwertrezept

Pro Stück etwa:
510 kJ/120 kcal · 5 g Eiweiß
8 g Fett · 7 g Kohlenhydrate

Vorbereitungszeit: 30 Minuten
Backzeit: 20 Minuten
Fertigstellung: 15 Minuten

Die Mandeln mit dem Carobpulver, dem Rum oder dem Orangensaft, der Zitronenschale, dem Salz und den Gewürzen mischen. • Das Ei mit dem Zuckerrohrgranulat schaumig rühren. • Die Eiweiße mit dem Zitronensaft zu steifem Schnee schlagen. • Den Eischnee auf die Eiercreme geben, die Mandelmischung darüber streuen und alles unterheben. • Den Backofen auf 160° vorheizen. Das Backblech mit Butter bestreichen. • Vom Teig mit einem Teelöffel 20 Häufchen auf das Backblech setzen und die Lebkuchen auf der mittleren Schiene im Backofen in etwa 20 Minuten hellbraun backen; die Lebkuchen müssen sich fest anfühlen. • Für die Glasur die Butter mit dem Carobpulver und dem Honig bei schwacher Hitze erwärmen, bis die Butter geschmolzen ist. • Die Lebkuchen auf ein Kuchengitter legen und mit der Glasur bestreichen.

Lebkuchen mit Trockenfrüchten

im Bild hinten

Zutaten für 20 Stück:
200 g getrocknete ungeschwefelte Feigen
100 g getrocknete ungeschwefelte Aprikosen
5 Eier
130 g Zuckerrohrgranulat
je 1 Prise gemahlene Gewürznelken, gemahlener Kardamom und Muskatblüte
½ Teel. Zimtpulver
1 Eßl. Carobpulver
abgeriebene Schale von 1 ungespritzten Zitrone
1 Prise Salz
je 175 g geriebene Haselnüsse und Mandeln
Für das Backblech: Butter

Vollwertrezept

Pro Stück etwa:
880 kJ/210 kcal · 7 g Eiweiß
13 g Fett · 16 g Kohlenhydrate

Vorbereitungszeit: 30 Minuten
Backzeit: 35 Minuten

Die Trockenfrüchte sehr klein würfeln. • Die Eier mit dem Zuckerrohrgranulat, den Gewürzen, dem Carobpulver, der Zitronenschale und dem Salz sehr schaumig rühren. • Den Backofen auf 180° vorheizen. Das Backblech mit Butter bestreichen. • Die Nüsse, die Mandeln und die Trockenfrüchte mit dem Schneebesen unter die Eiercreme heben. • Vom Teig 20 Häufchen auf das Backblech setzen, diese etwas flach streichen und auf der mittleren Schiene im Backofen in etwa 35 Minuten goldbraun backen. • Die Lebkuchen vom Blech lösen und auf einem Kuchengitter abkühlen lassen.

Beliebte Lebkuchenvarianten

Für dieses traditionelle Weihnachtsgebäck gibt es viele verschiedene Würzvarianten

Aachener Printen

im Bild vorne

Zutaten für 45 Stück:
50 g Zitronat · 250 g Honig
200 g zerstoßener Kandiszucker
50 g Butter · 1 Eßl. Zimtpulver
je 1 Teel. gemahlene Gewürznelken, gemahlener Kardamom und Koriander
500 g Mehl
10 g Pottasche (knapp 1 Teel.)
2 Eßl. Milch
Für das Backblech: Butter

Berühmtes Rezept

Pro Stück etwa:
300 kJ/71 kcal · 1 g Eiweiß
2 g Fett · 14 g Kohlenhydrate

Vorbereitungszeit: 40 Minuten
Ruhezeit: 24 Stunden
Backzeit pro Blech: 18 Minuten

Das Zitronat klein würfeln. • Den Honig erwärmen, den Kandiszucker, die Butter und die Gewürze unterrühren und so lange erwärmen, bis die Butter geschmolzen ist. • Das Zitronat darüber streuen und die Masse etwas abkühlen lassen. Das Mehl darüber sieben und alle Zutaten verkneten. • Die Pottasche in der Milch auflösen und zuletzt unter den Teig kneten. • Den Teig zugedeckt 24 Stunden bei Raumtemperatur ruhen lassen. • Den Backofen auf 180° vorheizen. Das Backblech mit Butter bestreichen. • Den Teig etwa ½ cm dick ausrollen und in 2 × 7 cm große Streifen schneiden. • Die Streifen mit genügend Abstand voneinander auf das Backblech legen und auf der mittleren Schiene im Backofen in etwa 18 Minuten goldbraun backen. • Die Printen auf einem Kuchengitter abkühlen lassen.

Kleine Schokoladenlebkuchen

im Bild hinten

Zutaten für 20 Stück:
je 100 g Mandeln und Haselnußkerne
je 100 g Orangeat und Zitronat
125 g Butter · 150 g Zucker
50 g Blockschokolade
2 Eier · 200 g Mehl
100 g zarte Haferflocken
2 Teel. Backpulver
2 Eßl. Kakaopulver
1 Teel. Zimtpulver
je 1 Messerspitze gemahlene Gewürznelken, gemahlener Kardamom und Piment
20 Backoblaten von 6 cm Durchmesser
200 g Schokoladen-Fettglasur

Gelingt leicht • Schnell

Pro Stück etwa:
1300 kJ/310 kcal · 6 g Eiweiß
23 g Fett · 33 g Kohlenhydrate

Vorbereitungszeit: 45 Minuten
Backzeit: 25 Minuten
Fertigstellung: 15 Minuten

Die Mandeln und die Haselnüsse fein hacken. • Das Orangeat und das Zitronat fein würfeln. • Den Backofen auf 180° vorheizen. • Die Butter mit dem Zucker schaumig rühren, die Schokolade dazureiben und mit den Eiern unterrühren. • Das Mehl mit den Haferflocken, dem Backpulver, dem Kakao und den Gewürzen mischen und mit den Mandeln, den Nüssen, dem Orangeat und dem Zitronat unter die Butter-Eier-Masse rühren. • Das Backblech mit den Oblaten belegen, den Teig darauf verteilen und auf der mittleren Schiene etwa 25 Minuten backen. • Die Fettglasur im heißen Wasserbad zerlassen und die Lebkuchen jeweils zur Hälfte damit überziehen. • Die Lebkuchen auf Pergamentpapier legen und trocknen lassen.

Lebkuchenherzen

Mit den bunten Zuckerstreuseln machen sie vor allem Kindern viel Freude

Zutaten für 80 Stück:
je 150 g Honig und Ahornsirup
200 g Butter
500 g Weizen-Vollkornmehl
abgeriebene Schale von
1 ungespritzten Orange
4 Messerspitzen gemahlene
Gewürznelken
10 g Pottasche (knapp 1 Teel.)
3 Teel. Wasser
Zum Garnieren: 5 Eßl. Honig
2 Eßl. Butter · 3 Eßl.
Orangensaft
100–200 g bunte Zuckerstreusel
Für das Backblech: Butter

Braucht etwas Zeit

Pro Stück etwa:
260 kJ/62 kcal · 1 g Eiweiß
2 g Fett · 9 g Kohlenhydrate

Vorbereitungszeit: 40 Minuten
Ruhezeit: 24 Stunden
Backzeit pro Blech: 12 Minuten
Fertigstellung: 20 Minuten

Den Honig mit dem Sirup und der Butter bei schwacher Hitze erwärmen, bis die Butter geschmolzen ist. Dann wieder auf Raumtemperatur abkühlen lassen. • Das Mehl mit der Orangenschale und dem Nelkenpulver in einer Schüssel mischen. • Das Honiggemisch unter das Mehl rühren. • Die Pottasche in dem Wasser auflösen und unter den Teig kneten. • Den Teig zugedeckt 24 Stunden bei Raumtemperatur ruhen lassen. • Den Backofen auf 180° vorheizen. Das Backblech mit Butter bestreichen. • Den Teig auf einer bemehlten Arbeitsfläche etwa ½ cm dick ausrollen und Herzen von etwa 5 cm Größe ausstechen. • Die Herzen auf dem Backblech auf der mittleren Schiene in etwa 12 Minuten goldgelb backen. Dann auf einem Kuchengitter abkühlen lassen. • Den Honig mit der Butter schmelzen lassen, den Orangensaft unterrühren und die Herzen damit bestreichen. Die noch feuchte Glasur mit den Zuckerstreuseln verzieren.

Lebkuchen-Spezialitäten

Sie wurden aus alten Rezepten entwickelt

Magenbrot

im Bild hinten links

Zutaten für 80 Stück:
200 g Honig · 50 g Butter
100 g Farinzucker · 1 Ei
500 g Mehl · 1 Eßl. Kakaopulver
1 Teel. Zimtpulver
je ½ Teel. gemahlene Gewürznelken und gemahlener Kardamom
1 Messerspitze frisch geriebene Muskatnuß · 2 Teel. Pottasche
3 Eßl. Rosenwasser
Für die Glasur:
2 Teel. Instant-Kaffeepulver
2 Eßl. Rum · 20 g Kokosfett
150 g Puderzucker
Für das Backblech: Butter

Gelingt leicht

Pro Stück etwa:
220 kJ/52 kcal · 1 g Eiweiß
1 g Fett · 10 g Kohlenhydrate

Vorbereitungszeit: 30 Minuten
Ruhezeit: 1 Stunde
Backzeit: 20 Minuten
Fertigstellung: 15 Minuten

Den Honig mit der Butter und dem Farinzucker unter Umrühren erwärmen, vom Herd nehmen und das Ei untermengen. • Das Mehl mit dem Kakaopulver und den Gewürzen mischen und nach und nach unter die Honigmasse rühren. • Die Pottasche in dem Rosenwasser auflösen und unter den Teig kneten. • Den Teig zugedeckt mindestens 1 Stunde im Kühlschrank ruhen lassen. • Den Backofen auf 200° vorheizen. Das Backblech mit Butter bestreichen. • Den Teig auf dem Backblech gleichmäßig dünn ausrollen und auf der mittleren Schiene im Backofen etwa 20 Minuten backen. • Den Kuchen noch heiß mit einem scharfen, in kaltes Wasser getauchten Messer in 2 × 4 cm große Rechtecke schneiden und vom Blech nehmen. • Das Kaffeepulver in dem Rum und 3 Eßlöffeln heißem Wasser auflösen. • Das Kokosfett zerlassen. Den Kaffee und das Fett mit dem Puderzucker verrühren und die Magenbrote damit bestreichen.

Honig-Nuß-Würfel

im Bild vorne rechts

Zutaten für 70 Stück:
200 g Honig
80 g Zuckerrohrgranulat
80 g Butter · 3 Eier
150 g geriebene Haselnüsse
je 1 Prise gemahlene Gewürznelken, gemahlener Kardamom und gemahlene Muskatblüte
1 Teel. Zimtpulver
400 g Weizen-Vollkornmehl
100 g Roggen-Vollkornmehl
1 Päckchen Weinstein-Backpulver
Für das Backblech: Butter und Mehl

Vollwertrezept

Pro Stück etwa:
270 kJ/64 kcal · 2 g Eiweiß
3 g Fett · 8 g Kohlenhydrate

Vorbereitungszeit: 30 Minuten
Backzeit: 20 Minuten

Den Honig mit dem Zuckerrohrgranulat und der Butter erwärmen, bis die Butter geschmolzen ist. • Die Masse in einer Rührschüssel abkühlen lassen. • Die Eier, die Nüsse und die Gewürze unterrühren. • Den Backofen auf 180° vorheizen. Das Backblech mit Butter bestreichen und mit Mehl bestäuben. • Die beiden Mehlsorten mit dem Backpulver mischen und unter die Honigmasse rühren. • Den Teig mit einem feuchten Teigschaber auf das Backblech streichen und auf der mittleren Schiene in etwa 20 Minuten leicht bräunen lassen. • Den noch heißen Kuchen in 70 Würfel schneiden.

Gewürzlebkuchen

Es sind die altbekannten Kuchen, die man vom Hexenhäuschen kennt

Zutaten für 40 Stück:
100 g getrocknete Feigen
100 g getrocknete Aprikosen
100 g Zitronat
4 Eßl. Arrak (Reisbranntwein)
50 g Walnußkerne
400 g Zuckerrübensirup
100 g Butter
350 g Mehl
1 Päckchen Backpulver
1 Teel. Zimtpulver
je 1 Messerspitze gemahlener Anis, Koriander und Piment
1 Prise Salz
Zum Verzieren:
100 g abgezogene Mandeln
2 Eßl. Zuckerrübensirup
2 Eßl. Rum
Für das Backblech: Backpapier

Braucht etwas Zeit
Etwas teurer

Pro Stück etwa:
560 kJ/130 kcal · 2 g Eiweiß
6 g Fett · 20 g Kohlenhydrate

Vorbereitungszeit: 1 Stunde
Ruhezeit: 2–3 Stunden
Backzeit pro Blech: 25 Minuten

Die Feigen, die Aprikosen und das Zitronat sehr fein würfeln, mit dem Arrak beträufeln und durchziehen lassen, bis die Früchte für den Teig gebraucht werden. • Die Walnüsse hakken. • Den Zuckerrübensirup mit der Butter unter ständigem Umrühren erwärmen und wieder abkühlen lassen. • Das Mehl mit dem Backpulver in eine Schüssel sieben und mit dem Zimtpulver, dem Anis, dem Koriander, dem Piment und dem Salz mischen. • Die Sirupmasse, die gehackten Nüsse und die gewürfelten Früchte mit dem Arrak unter das Mehl rühren und den Teig zuletzt kräftig durchkneten. • Den Teig dann zugedeckt 2 bis 3 Stunden in den Kühlschrank stellen. • Inzwischen die Mandeln mit kochendheißem Wasser überbrühen, einige Minuten darin ziehen lassen, abgießen und kalt abschrecken. Die Mandeln aus den braunen Häutchen drücken, längs halbieren und ausgebreitet trocknen lassen. • Den Zuckerrübensirup mit dem Rum unter Umrühren erwärmen und wieder abkühlen lassen. • Das Backblech mit Backpapier auslegen. Den Backofen auf 180° vorheizen. • Die Arbeitsfläche mit etwas Mehl bestäuben und den Teig darauf gut ½ cm dick ausrollen. Mit einem scharfen Messer aus der Teigplatte 4 × 6 cm große Rechtecke schneiden. • Die Lebkuchen mit der Sirup-Rum-Mischung bestreichen und die Mandelhälften wie auf dem Foto abgebildet auf die Lebkuchen drükken. • Die Lebkuchen auf das Backblech legen und im Backofen auf der mittleren Schiene etwa 25 Minuten backen. • Die Lebkuchen dann auf einem Kuchengitter abkühlen lassen und in einer gut verschließbaren Blechdose aufbewahren.

Unser Tip: Frisch gebacken sind die Lebkuchen noch etwas hart. Wenn sie als Weihnachtsgebäck vorgesehen sind, sollten Sie die Lebkuchen mindestens 14 Tage vor dem Fest backen und in einer Blechdose aufbewahren. Zur Abwechslung kann man die Lebkuchen auch einmal mit 200 g Schokoladen-Fettglasur überziehen und auf die noch weiche Glasur gehackte Pistazien streuen oder halbierte Belegkirschen auf die Glasur drücken.

Baseler Leckerli

Sie haben Berühmtheit erlangt, aber es gibt kein einheitliches Rezept für sie

Zutaten für 70 Stück:
je 125 g Haselnüsse und Mandeln
je 50 g Orangeat und Zitronat
375 g Honig · 175 g Farinzucker
1 Teel. Zimtpulver
je 2 Messerspitzen Ingwerpulver und gemahlene Muskatblüte
abgeriebene Schale von 1 ungespritzten Zitrone
je 2 Eßl. Arrak und Kirschwasser
2 Teel. Hirschhornsalz
3 Eßl. Milch · 375 g Mehl
Für die Glasur: 4 Eßl. Honig
3 Eßl. Zitronensaft
6 Eßl. Puderzucker
Für das Backblech:
Butter und Mehl

Spezialität aus der Schweiz

Pro Stück etwa:
330 kJ/79 kcal · 1 g Eiweiß
3 g Fett · 14 g Kohlenhydrate

Vorbereitungszeit: 40 Minuten
Ruhezeit: 3 Stunden
Backzeit pro Blech: 20 Minuten
Fertigstellung: 20 Minuten

Die Nüsse reiben. • Das Orangeat und das Zitronat klein würfeln. • Den Honig mit dem Zucker unter Rühren langsam zum Kochen bringen. Die Nüsse untermischen, kurz mitkochen und wieder auf Raumtemperatur abkühlen lassen. • Die Gewürze, das Orangeat, das Zitronat, die Zitronenschale, den Arrak und das Kirschwasser unter die Honigmasse rühren. • Das Hirschhornsalz in der Milch auflösen und unterrühren. • Das Mehl darüber sieben und alles verkneten. • Den Teig zugedeckt bei Raumtemperatur 3 Stunden ruhen lassen. • Den Backofen auf 180° vorheizen. Das Backblech mit Butter bestreichen und mit Mehl bestäuben. • Den Teig in zwei Portionen auf dem Backblech ausrollen und auf der mittleren Schiene in etwa 20 Minuten hellbraun backen. • Den Honig mit dem Zitronensaft erhitzen, den Puderzucker unterrühren und den heißen Kuchen mit der Hälfte der Glasur bestreichen. • Jeden Kuchen in 35 Schnitten teilen.

Bunte Weihnachtsfiguren

Wer Freude am Verzieren hat, kann mit diesen Plätzchen den Christbaum süß verzaubern

Zutaten für 150 Figürchen:
- 250 g weiche Butter
- 200 g Zucker
- 3 Eier
- 1 Prise Salz
- abgeriebene Schale von 1 ungespritzten Zitrone
- 500 g Mehl

Zum Verzieren:
- 250 g Puderzucker
- 2–3 Eßl. Zitronensaft
- rote, grüne und gelbe Lebensmittelfarbe
- 1 Eiweiß
- 100 g Zartbitter-Kuvertüre
- bunte Zuckerperlen

Für das Backblech: Backpapier
Für die Schablonen: 1 Bogen mittelstarke Pappe

Braucht etwas Zeit
Braucht viel Geduld

Pro Stück etwa:
180 kJ/43 kcal · 1 g Eiweiß
2 g Fett · 6 g Kohlenhydrate

Vorbereitungszeit: 1½ Stunden
Ruhezeit: 1 Stunde
Backzeit pro Blech: 10 Minuten
Fertigstellung: 2 Stunden

Aus der Pappe Schablonen für Figürchen wie Nikoläuse, Christbäume, Engel, Kometen und Sterne von etwa 5 cm Höhe ausschneiden. Auf den Schablonen auch die Linien für das spätere Verzieren einzeichnen. • Die Butter mit dem Zucker schaumig rühren. Nach und nach die Eier, das Salz und die Zitronenschale untermengen. • Das Mehl über die Buttermasse sieben und unter den Teig kneten. • Den Teig in Folie wickeln und 1 Stunde in den Kühlschrank legen. • Den Backofen auf 200° vorheizen. Das Backblech mit Backpapier auslegen. • Den Teig in fünf Portionen etwa 4 mm dick ausrollen und jeweils mit einer Schablone zu Figürchen ausschneiden. Die Schablone mit einer Nadel entlang der Verzierungslinien durchstechen, so daß diese auf dem Teig sichtbar werden. Mit einer dicken Stricknadel ein Loch zum Aufhängen in die Plätzchen stechen. • Die Plätzchen auf dem Backblech auf der mittleren Schiene im Backofen in 10 Minuten goldgelb backen, dann auf einem Kuchengitter abkühlen lassen. • Zum Verzieren den Puderzucker sieben und zwei Drittel davon mit dem erhitzten Zitronensaft zu einer dickflüssigen Glasur verrühren. Diese Glasur in drei Schälchen verteilen und mit jeweils einigen Tropfen Lebensmittelfarbe färben. • Den restlichen Puderzucker mit dem Eiweiß zu einer geschmeidigen Spritzglasur verquirlen. • Die Spritzglasur in ein selbstgedrehtes Tütchen aus Pergamentpapier mit kleinem Spritzloch füllen. • Die Kuvertüre im heißen Wasserbad schmelzen lassen. • Die rote Glasur für die Mützen und Mäntel der Nikoläuse verwenden, den Pelzbesatz mit Kuvertüre ausfüllen. Bart und Augen mit der Spritzglasur aufbringen. • Die Christbäume mit grüner Glasur bestreichen und weiße Kerzen oder gelbe Sterne aus Spritzglasur darauf setzen. Darauf je 1 Tupfen gelbe Glasur als Flämmchen aufspritzen. • Das Haar der Engel mit gelber Glasur andeuten, die Flügel grün und die Kleider weiß bestreichen. Die Kometen und Sterne gelb glasieren und mit weißer Glasur verzieren. Auf die noch weiche Glasur Zuckerperlen drükken und die Figürchen auf Pergamentpapier legen, bis die Glasuren trocken sind. • Alle Figürchen mit einem Bändchen versehen und bis zum 24. Dezember zwischen Pergamentpapier in einer gut verschlossenen Dose aufbewahren.

Gebackener Christbaumschmuck

Wer vom Christbaum nascht, wünscht es süß und zart

Marzipanringe

im Bild hinten

Zutaten für 30 Stück:
100 g gemischte kandierte Früchte wie Ananas, Kirschen und Orangenscheiben
200 g Marzipan-Rohmasse
50 g Puderzucker
1 Prise Zimtpulver
2 Eigelbe
Für das Backblech: Backpapier

Schnell • Gelingt leicht

Pro Stück etwa:
300 kJ/71 kcal · 1 g Eiweiß
6 g Fett · 8 g Kohlenhydrate

Vorbereitungszeit: 30 Minuten
Backzeit: 10 Minuten

Die kandierten Früchte sehr fein hacken. • Die Marzipan-Rohmasse mit dem Puderzucker, dem Zimtpulver und den Eigelben zu einem geschmeidigen Teig verrühren; das gelingt gut mit den Knethaken des elektrischen Rührgerätes. • Die kandierten Früchte unter die Marzipanmasse mengen und diese in einen Spritzbeutel mit Lochtülle füllen. • Den Backofen auf 175° vorheizen. Das Backblech mit Backpapier auslegen. • Von der Marzipanmasse Ringe im Durchmesser von 4 cm auf das Backblech spritzen und diese auf der mittleren Schiene im Backofen in etwa 10 Minuten goldgelb backen. • Die Ringe auf dem Backblech abkühlen lassen. Dann durch jeden Ring zum Aufhängen an den Christbaum ein Bändchen ziehen.

Baiser-Baumschmuck

im Bild vorne

Zutaten für 20 Stück:
3 Eiweiße
200 g Puderzucker
1 Teel. Zitronensaft
Zum Verzieren:
bunte Zuckerstreusel oder Silberperlen
Für das Backblech: Backpapier

Braucht etwas Zeit

Pro Stück etwa:
200 kJ/48 kcal · 2 g Eiweiß
0 g Fett · 10 g Kohlenhydrate

Vorbereitungszeit: 25 Minuten
Backzeit: 2 Stunden

Die Eiweiße in einer fettfreien Schüssel flaumig schlagen. • Den Puderzucker auf ein Stück Pergamentpapier sieben und nach und nach unter ständigem Schlagen zum Eiweiß rieseln lassen. Zuletzt den Zitronensaft untermischen und weiterschlagen, bis der Eischnee schnittfest ist und glänzt. • Das Backblech mit Backpapier auslegen. Den Backofen auf 100° vorheizen. • Den Eischnee in einen Spritzbeutel mit Sterntülle füllen und beliebige Formen auf das Backblech spritzen. Darauf achten, daß alle Baisers ein Loch haben, durch das man die Form mit einem Gold- oder Silberfaden an einem Christbaumzweig befestigen kann. • Die Baisers mit Zuckerstreuseln oder mit Silberperlen bestreuen und im Backofen auf der mittleren Schiene in 2 Stunden mehr trocknen lassen als backen. Während des Backens die Backofentüre mit einem hölzernen Kochlöffelstiel einen Spaltbreit offen halten.

Unser Tip: Die Baisers wirken auch hübsch, wenn man sie zart mit Lebensmittelfarben tönt. Hierfür einige Tropfen Farbe unter den steifen Eischnee ziehen.

Köstliches Konfekt

Große Praliné-Parade für alle,
die am liebsten ganz Kleines, ganz Süßes
und besonders Hübsches naschen

Konfekt, das leicht gelingt

Beliebt, begehrt und immer wieder eine wahre »Verführung«

Marzipankartoffeln

im Bild 1., 3. und 5 Reihe

Zutaten für 60 Stück:
- 250 g ungehäutete Mandeln
- 10 g ungehäutete bittere Mandeln
- 250 g Puderzucker
- 1 Eiweiß
- 1 Teel. Rosenwasser
- 1 Teel. Rum
- 2 Eßl. Kakaopulver
- 60 Pralinen-Manschetten

Gelingt leicht
Braucht etwas Zeit

Pro Stück etwa:
190 kJ/45 kcal · 1 g Eiweiß
3 g Fett · 5 g Kohlenhydrate

Vorbereitungszeit: 15 Minuten
Zeit zum Trocknen: 12 Stunden
Fertigstellung: 1 Stunde

Etwa 1 l Wasser zum Kochen bringen. Die Mandeln mit den bitteren Mandeln hineinschütten und 1 Minute darin ziehen lassen. • Die Mandeln dann in einem Sieb kalt abschrecken, abtropfen lassen und aus den braunen Häutchen drücken. • Die Mandeln auf einem Tuch 12 Stunden trocknen lassen. • Den Puderzucker sieben. • Die Mandeln in der Mandelmühle fein reiben oder im Mixer zerkleinern. Die Mandeln mit dem Puderzucker mischen. • Das Eiweiß leicht verquirlen. Das Rosenwasser, den Rum und nach und nach so viel vom Eiweiß unter die Mandel-Puderzucker-Mischung mengen, daß die Masse formbar, aber feucht ist. • Aus der Marzipanmasse kirschgroße Kugeln drehen. • Das Kakaopulver sieben und die Marzipankugeln darin wenden. • Die Marzipankartoffeln in Pralinen-Manschetten anrichten und möglichst lagenweise zwischen Pergamentpapier in einer Dose aufbewahren.

Aprikosentrüffeln

im Bild 2. und 4. Reihe

Zutaten für 55 Stück:
- 150 g Zartbitter-Kuvertüre
- 150 g Vollmilch-Kuvertüre
- ⅛ l Sahne · 2 Eßl. Butter
- 20 g Kokosfett
- 150 g getrocknete Aprikosen
- 3 Eßl. Aprikosenbranntwein

Zum Überziehen und Verzieren:
- 100 g Pistazien
- 100 g Pinienkerne
- 400 g Zartbitter-Kuvertüre

Zum Formen: Backpapier

Braucht etwas Zeit

Pro Stück etwa:
430 kJ/100 kcal · 2 g Eiweiß
7 g Fett · 8 g Kohlenhydrate

Zubereitungszeit: 1¼ Stunden
Ruhezeit: 3 Stunden

Die beiden Kuvertüren grob zerschneiden. • Die Sahne bei schwacher Hitze auf etwa 80° erwärmen. Die Kuvertüre, die Butter und das Kokosfett darin schmelzen lassen. Alles unter Rühren mischen, abkühlen lassen und 2 Stunden in den Kühlschrank stellen. • Eine große flache Platte mit Backpapier auslegen und kühl stellen. • Die Aprikosen in Stücke schneiden, mit dem Aprikosenbranntwein beträufeln und 30 Minuten quellen lassen. • Die Aprikosen im Mixer pürieren und unter die kalte Trüffelmasse (Sahne-Schokoladen-Mischung) rühren. • Die Trüffelmasse in einen Spritzbeutel mit Lochtülle füllen und walnußgroße Kugeln auf die kalte Platte spritzen. Die Trüffeln 1 Stunde kalt stellen. • Die Pistazien und die Pinienkerne fein hacken. • Die Kuvertüre im heißen Wasserbad schmelzen lassen. • Die Pralinen in die flüssige, aber nicht mehr heiße Kuvertüre tauchen, kurz abtropfen lassen und in den gehackten Nüssen wenden, dann noch einmal gut kühlen.

Quittenkonfekt

Eine saisonbedingte Süßigkeit mit Tradition, die sich aber gut aufbewahren läßt

Zutaten für 120 Stück:
1 kg Quitten · ⅛ l Wasser
je 250 g Zucker und Honig
500 g abgezogene Mandeln
50 g Hagelzucker
Für 2 Backbleche: Backpapier

Braucht viel Zeit

Pro Stück etwa:
190 kJ/45 kcal · 1 g Eiweiß
2 g Fett · 5 g Kohlenhydrate

Vorbereitungszeit: 1 Stunde
Ruhezeit: 12 Stunden
Kochzeit: 2¾ Stunden
Backzeit pro Blech: 2 Stunden
Trockenzeit: 24 Stunden

Die Quitten mit einem Tuch abreiben, waschen, abtrocknen, vom Blütenansatz befreien, achteln und in dem Wasser zugedeckt bei schwacher Hitze 45 Minuten kochen lassen. • Die Quitten 12 Stunden stehenlassen, dann noch einmal erwärmen und durch ein Sieb passieren. • Das Quittenpüree mit dem Zucker mischen und unter häufigem Umrühren im offenen Topf bei schwacher Hitze in 2 Stunden dick einkochen lassen. • Das Quittenpüree abgekühlt mit dem Honig verrühren. • 2 Backbleche mit Backpapier auslegen. • Die Hälfte der Mandeln hacken, die andere Hälfte reiben. • Ein Viertel der gehackten Mandeln auf ein Backblech streuen. • Das Quittenpüree halbieren, einen Teil auf das mit Mandeln bestreute Blech streichen. Ein weiteres Viertel gehackte Mandeln darüber streuen und leicht andrücken. • Die übrigen gehackten Mandeln hellbraun rösten und mit dem Hagelzucker mischen. • Den Backofen auf 100° vorheizen. • Das restliche Quittenpüree mit den gemahlenen Mandeln verrühren, zu 60 kirschgroßen Kugeln formen, in der Mandel-Zucker-Mischung wenden und auf das zweite Backblech legen. • Beide Quitten-Massen im Backofen bei einen Spaltbreit geöffneter Türe in 2 Stunden trocknen lassen. • Die Quittenplatte in 60 Rauten schneiden und 24 Stunden bei Raumtemperatur trocknen lassen.

Mozartkugeln

Diese weltbekannten Pralinen gelingen wirklich wie die Salzburger Originale

Zutaten für 50 Stück:
250 g Nougat im Block
150 g Puderzucker
400 g Marzipan-Rohmasse
2–3 Teel. Rosenwasser
250 g Zartbitter-Kuvertüre
Zum Ausrollen: Puderzucker
Zum Einwickeln: buntes Staniolpapier

Berühmtes Rezept
Braucht etwas Zeit

Pro Stück etwa:
430 kJ/100 kcal · 1 g Eiweiß
5 g Fett · 14 g Kohlenhydrate

Zubereitungszeit: 2 Stunden
Kühlzeit: 4 Stunden

Den Nougatblock entweder 1 Stunde in den Kühlschrank oder 15 Minuten ins Gefriergerät legen. • Den Puderzucker durch ein Sieb streichen. • Das Marzipan in kleine Würfel schneiden und mit dem Puderzucker und so viel Rosenwasser vermengen, daß ein formbarer, aber nicht zu feuchter Teig entsteht. • Das Marzipan auf einer mit Puderzucker bestäubten Arbeitsfläche 4 mm dünn zu einer Platte von etwa 50 × 25 cm ausrollen. Diese in 50 Quadrate von 5 cm Seitenlänge schneiden. • Den Nougatblock in 50 gleich große Würfel schneiden, diese mit kalten Händen zu Kugeln formen und jeweils auf ein Marzipan-Quadrat legen. Das Marzipan um die Nougatkugel drücken; dabei darauf achten, daß sich die Kugel nicht verformt. • Die Kugeln 4 Stunden in den Kühlschrank legen. • Die Kuvertüre im heißen Wasserbad schmelzen und wieder etwas abkühlen lassen. • Jede Mozartkugel auf eine Pralinengabel stekken, in die Kuvertüre tauchen und darüber etwas abtropfen lassen. Die Kuvertüre auf Pergamentpapier fest werden lassen. • Sobald die Kuvertüre erstarrt ist, jede Kugel in Staniolpapier wickeln und kühl, aber nicht im Kühlschrank, aufbewahren.

Pralinen mit Marzipan und Nüssen

Hübsch verpackt, sind es Geschenke, die viel Symphatie verraten

Nußpralinen

im Bild links

Zutaten für 60 Stück:
500 g Zartbitter-Kuvertüre
125 g Walnußkerne
100 g abgezogene Mandeln
50 g Pinienkerne
150 g Nußnougat
50 g Puderzucker
2 Eßl. Amarettolikör
50 g Pistazien
60 Pralinen-Metallmanschetten

Etwas schwierig

Pro Stück etwa:
390 kJ/93 kcal · 2 g Eiweiß
6 g Fett · 8 g Kohlenhydrate

Zubereitungszeit: 1½ Stunden
Kühlzeit: 2 Stunden

Die Kuvertüre in Stücke schneiden, im heißen Wasserbad schmelzen, wieder abkühlen und erneut schmelzen lassen. • Die Metallmanschetten auf Pergamentpapier stellen. • Die Manschettenböden mit der flüssigen Kuvertüre bedecken und diese fest werden lassen. • Die Walnußkerne, die Mandeln und die Pinienkerne durch die Mandelmühle drehen. • Die Nougatmasse in Stücke schneiden und mit den Nüssen, dem Puderzucker und dem Likör zu einer glatten Masse verrühren. • Die Pistazien fein hacken. • Die Manschetten mit der Nougatmasse füllen. • Die übrige Kuvertüre erneut schmelzen lassen und über die Nougatmasse gießen. Die Pistazien auf die noch weiche Kuvertüre streuen. Die Pralinen in mindestens 2 Stunden im Kühlschrank fest werden lassen.

Marzipan-Orangen-Konfekt

im Bild rechts

Zutaten für 60 Stück:
200 g Vollmilch-Kuvertüre
knapp ⅛ l Sahne
25 g Kokosfett
150 g abgezogene Mandeln
300 g Marzipan-Rohmasse
100 g Puderzucker
1 Eßl. Amarettolikör
3 Eßl. Orangenkonfitüre ohne Schalen
3 kandierte Orangenscheiben
250 g Zartbitter-Kuvertüre
Zum Ausrollen: Puderzucker

Braucht etwas Zeit

Pro Stück etwa:
420 kJ/100 kcal · 1 g Eiweiß
7 g Fett · 11 g Kohlenhydrate

Zubereitungszeit: 2 Stunden
Kühlzeit: 2½ Stunden

Die Vollmilch-Kuvertüre grob zerschneiden. • Die Sahne erhitzen, die Kuvertüre und das Kokosfett unter Umrühren darin auflösen. Die Trüffelmasse dann 2 Stunden in den Kühlschrank stellen. • Die Mandeln in einer trockenen Pfanne hellbraun rösten, abkühlen lassen und reiben. • Die Marzipan-Rohmasse würfeln, mit dem Puderzucker und dem Likör verkneten, auf einer mit Puderzucker bestäubten Platte zu einer Größe von 16 × 18 cm ausrollen und mit der Konfitüre bestreichen. • Die kalte Trüffelmasse auf die Konfitüre geben, glattstreichen und die Platte 30 Minuten in den Kühlschrank stellen. • Die Orangenscheiben in 120 Streifen schneiden. • Die Zartbitter-Kuvertüre im heißen Wasserbad schmelzen, wieder abkühlen und erneut schmelzen lassen. • Die Marzipanplatte in 60 Quadrate von 2 × 2 cm Größe schneiden, jedes Quadrat auf eine Pralinengabel stecken, in die Kuvertüre tauchen, etwas abtropfen lassen und die Kuvertüre auf Pergamentpapier trocknen lassen. Jede Praline, solange sie noch weich ist, mit 2 Orangenstreifen garnieren.

Taler und Schiffchen, erfrischend oder mild

Wer sie einmal probiert hat, will sie sicher oft genießen

Pistazienschiffchen

im Bild hinten

Zutaten für 60 Stück:
- 200 g ungehäutete Mandeln
- 10 g ungehäutete bittere Mandeln
- 100 g Pistazien
- 1 Eiweiß
- 1 Eßl. Amarettolikör
- 200 g Zartbitter-Kuvertüre
- Zum Ausrollen: reichlich Puderzucker

Gelingt leicht
Braucht etwas Zeit

Pro Stück etwa:
210 kJ/50 kcal · 1 g Eiweiß
4 g Fett · 2 g Kohlenhydrate

Zubereitungszeit: 2 Stunden
Zeit zum Trocknen: 12 Stunden

Etwa 1 l Wasser zum Kochen bringen. Die Mandeln und die bitteren Mandeln hineinschütten und 2 Minuten darin ziehen lassen. • Die Mandeln in einem Sieb kalt abschrecken, die braunen Häutchen abstreifen und die Mandeln in 12 Stunden trocknen lassen. • Von den Pistazien 60 besonders schöne Hälften beiseite legen. • Die Mandeln mit den übrigen Pistazien mahlen. • Das Eiweiß leicht verquirlen und mit dem Likör unter die Mandeln mengen. • Die Arbeitsfläche mit Puderzucker besieben. Die Mandel-Masse darauf 2 cm dick ausrollen und 60 kleine Schiffchen davon ausstechen. • Die Kuvertüre im heißen Wasserbad schmelzen. • Die Schiffchen auf einer Gabel ganz oder zur Hälfte in die Kuvertüre tauchen und etwas abtropfen lassen. Solange die Kuvertüre noch weich ist, auf jedes Schiffchen 1 Pistazienhälfte drükken. Die Kuvertüre auf Pergamentpapier trocknen lassen.

Pfefferminztaler

im Bild vorne rechts

Zutaten für 60 Stück:
- 450 g Puderzucker
- 2 Teel. Zitronensaft
- 1 Eiweiß
- 4–5 Tropfen Pfefferminzöl (Apotheke)
- 400 g Zartbitter-Kuvertüre
- Zum Ausrollen: reichlich Puderzucker

Etwas schwierig

Pro Stück etwa:
270 kJ/64 kcal · 1 g Eiweiß
2 g Fett · 11 g Kohlenhydrate

Zubereitungszeit: 1½ Stunden
Zeit zum Trocknen: 2 Stunden

Den Puderzucker in eine Schüssel sieben und mit dem Zitronensaft und dem leicht verquirlten Eiweiß verrühren. • Zunächst nur 3 Tropfen vom Pfefferminzöl unter die Zuckermasse rühren. Diese abschmecken und nach Belieben noch etwas Pfefferminzöl hinzufügen. • Eine Arbeitsfläche dick mit Puderzucker besieben. Die Pfefferminzmasse mit einem in Puderzucker getauchten Rollholz ½ cm dünn ausrollen. • Mit einem kleinen runden Ausstecher (Schnapsglas) etwa zweimarkstückgroße Taler aus der Zuckermasse ausstechen und gut 10 Minuten auf der Arbeitsfläche antrocknen lassen. • Die Taler dann mit einem breiten Messer auf Pergamentpapier legen und 2 Stunden bei Raumtemperatur trocknen lassen. • Die Kuvertüre im Wasserbad schmelzen und wieder etwas abkühlen lassen. • Die Taler auf eine Gabel legen, in die flüssige Kuvertüre tauchen und diese etwas fest werden lassen. Die Taler auf diese Art noch zweimal möglichst dick mit Kuvertüre überziehen. • Die Kuvertüre auf Pergamentpapier trocknen lassen.

Cremepralinen von feinem Aroma

Sie sind von zarter Konsistenz und zergehen auf der Zunge

Orangencreme-Rosetten

im Bild vorne

Zutaten für 40 Stück:
200 g weiße Schokolade
160 g weiche Butter
200 g Puderzucker
abgeriebene Schale von
½ ungespritzten Orange
2 Teel. Orangenlikör
40 Pralinen-Metallmanschetten
50 g Orangeat

Gelingt leicht

Pro Stück etwa:
340 kJ/81 kcal · 0 g Eiweiß
6 g Fett · 9 g Kohlenhydrate

Zubereitungszeit: 45 Minuten

Die Schokolade in Stücke brechen, im heißen Wasserbad schmelzen und wieder abkühlen lassen. • Die Butter mit dem gesiebten Puderzucker, der Orangenschale und dem Likör verrühren. Nach und nach die noch leicht flüssige Schokolade untermischen. • Die Konfektmasse in eine Schüssel mit Eiswasser stellen und so lange rühren, bis sie kalt und schaumig ist (geht schneller mit dem elektrischen Rührgerät). • Die Creme in einen Spritzbeutel mit kleiner Lochtülle füllen und kleine Rosetten in die Metallmanschetten spritzen. • Das Orangeat in 40 gleich kleine Würfel schneiden und jede Rosette damit garnieren. • Das Konfekt kühl aufbewahren.

Mokka-Rahm-Hütchen

im Bild hinten

Zutaten für 50 Stück:
250 g Zartbitter-Kuvertüre
5–6 Eßl. Sahne
2 Teel. Instant-Pulverkaffee
1 Eßl. Puderzucker
50 Pralinen-Metallmanschetten
50 ovale silberne Zuckerperlen

Preiswert • Schnell

Pro Stück etwa:
150 kJ/36 kcal · 0 g Eiweiß
2 g Fett · 4 g Kohlenhydrate

Zubereitungszeit: 40 Minuten

Die Kuvertüre grob zerschneiden. • Die Sahne bei schwacher Hitze auf etwa 80° erwärmen, vom Herd nehmen und die Kuvertüre mit dem Pulverkaffee und dem Puderzucker unter Umrühren darin schmelzen lassen. • Die Masse in eine Schüssel mit Eiswasser stellen und rühren, bis sie kalt und schaumig ist (geht schneller mit dem elektrischen Rührgerät). • Die Creme in einen Spritzbeutel mit kleiner Lochtülle füllen und kleine Hütchen in die Metallmanschetten spritzen. • Jedes Hütchen mit 1 Zuckerperle garnieren und das Konfekt kühl aufbewahren.

Unser Tip: Statt der Zuckerperlen kann man auch Schokoladen-Mokkabohnen zum Garnieren verwenden oder mit kleinen Stückchen Borkenschokolade, mit Schokoladenstreuseln oder wegen des farblichen Effektes mit silbernen Zuckerperlen verzieren.

Knusprig süße Kleinigkeiten

Leicht karamelisiert und besonders aromatisch

Krokantstreifen

im Bild links

Zutaten für 60 Stück:
1 Vanilleschote
250 g abgezogene, geriebene Mandeln
350 g Marzipan-Rohmasse
400 g Puderzucker
1 Eßl. Honig
50 g Butter · ⅛ l Sahne
200 g Zartbitter-Kuvertüre
Für das Backblech: Kokosfett

Braucht etwas Zeit

Pro Stück etwa:
460 kJ/110 kcal · 1 g Eiweiß
6 g Fett · 13 g Kohlenhydrate

Zubereitungszeit: 2 Stunden
Ruhezeit: 4 Stunden

Den Backofen auf 200° vorheizen. • Die Vanilleschote längs aufschneiden, das Mark herausschaben und beiseite stellen. • Die Mandeln auf das ungefettete Backblech schütten und auf der mittleren Schiene im Backofen in 10 Minuten goldbraun rösten; nach 5 Minuten einmal gründlich umwenden. • Die Marzipan-Rohmasse klein würfeln. • Die Mandeln in eine Schüssel schütten. • Das Backblech und das Rollholz mit reichlich Kokosfett bestreichen. • Den Puderzucker in einen Topf sieben und mit dem Honig und der Butter bei schwacher Hitze unter Rühren sämig werden und hell karamelisieren lassen. • Die Sahne leicht erwärmen. • Die Karamelmasse vom Herd nehmen und mit den Mandeln, dem Vanillemark, dem Marzipan und der Sahne verrühren. • Den Krokant auf das Backblech füllen und mit dem Rollholz zu einer Platte von 30 × 30 cm ausrollen. • Den Krokant abkühlen lassen, mit einem dünnen, sehr scharfen Messer in 2 × 5 cm lange Streifen schneiden und diese in etwa 4 Stunden auf einem Kuchengitter fest werden lassen. • Die Kuvertüre im heißen Wasserbad zerlassen. Die Krokantstreifen auf leicht geölte Alufolie setzen und jeden Streifen wiederholt jeweils zur Hälfte mit der flüssigen Kuvertüre bepinseln; zwischen jedem Bestreichen die vorher aufgetragene Schicht trocknen lassen.

Naturreis-Nüßchen

im Bild rechts

Zutaten für 50 Stück:
200 g feingemahlener Naturreis
30 g Zuckerrohrgranulat
je ½ Teel. gemahlene Vanille und Ingwerpulver
1 Prise gemahlene Gewürznelken
70 g Butter · 150 g Honig
etwa 50 g Hirseflocken
2 Teel. Kakaopulver

Vollwertrezept • Schnell

Pro Stück etwa:
170 kJ/40 kcal · 0 g Eiweiß
1 g Fett · 7 g Kohlenhydrate

Zubereitungszeit: 40 Minuten

Das Reismehl mit dem Zuckerrohrgranulat, der Vanille, dem Ingwer und dem Nelkenpulver mischen und in einer trockenen schweren Pfanne unter ständigem Umrühren bei mittlerer Hitze rösten, bis die Mischung hellbraun wird und angenehm duftet. • Die Butter in Flöckchen schneiden und mit dem Honig unter das Reismehl mischen. • Die Pfanne sofort vom Herd nehmen und so viele Hirseflocken unter die Konfektmasse mischen, wie diese aufnimmt. • Die Reismasse halbieren und eine Hälfte mit dem Kakaopulver vermengen. • Sobald die Masse kühl genug ist, daß sie sich anfassen läßt, gut haselnußgroße Kugeln daraus formen und diese auf Pergamentpapier völlig abkühlen lassen. • Das Konfekt in einer gut verschlossenen Blechdose aufbewahren. Es hält sich darin etwa 2 Wochen frisch.

Konfekt aus Trockenfrüchten

Beide Rezepte gelingen besonders schmackhaft mit frischer Kokosnuß

Kokosnußbällchen

im Bild links

Zutaten für 40 Stück:
5 bittere Mandeln
300 g frische Kokosnuß
150 g getrocknete ungeschwefelte Feigen
2 Teel. gemahlene Vanille
½ Teel. abgeriebene Schale von 1 ungespritzten Orange
3 Eßl. Rum
5–6 Eßl. frisch gepreßter Orangensaft
75 g Sucanat-Schokolade (Reformhaus)

Vollwertrezept
Gelingt leicht

Pro Stück etwa:
200 kJ/48 kcal · 1 g Eiweiß
3 g Fett · 4 g Kohlenhydrate

Zubereitungszeit: 40 Minuten

Die Mandeln mit kochendheißem Wasser überbrühen, 2 Minuten darin ziehen lassen, kalt abschrecken, aus den Häutchen drücken, gut abtrocknen und mahlen. • Die Kokosnuß von der braunen Haut befreien und würfeln. Die Feigen klein würfeln. • Die Mandeln mit der Kokosnuß, den Feigen, der Vanille, der Orangenschale und dem Rum im Mixer fein pürieren. • Das Püree mit so viel Orangensaft verkneten, daß eine formbare Masse entsteht und etwa walnußgroße Kugeln daraus formen. • Die Schokolade in Stücke brechen und im heißen Wasserbad schmelzen lassen. • Die Kokosbällchen auf ein Holzspießchen stecken und rundherum dünn mit der Schokolade bestreichen. • Die Schokolade auf einem Kuchengitter trocknen lassen. Die Bällchen kühl aufbewahren.

Fruchtschnitten

im Bild rechts

Zutaten für 50 Stück:
100 g ungeschwefelte Backpflaumen ohne Steine
100 g getrocknete ungeschwefelte Aprikosen
50 g Korinthen
knapp ¼ l Wasser
150 g Haselnußkerne
100 g möglichst frisch geraspelte Kokosflocken

Vollwertrezept
Braucht etwas Zeit

Pro Stück etwa:
170 kJ/40 kcal · 1 g Eiweiß
2 g Fett · 5 g Kohlenhydrate

Quellzeit: 4 Stunden
Zubereitungszeit: 40 Minuten

Die Pflaumen und die Aprikosen in kleine Stücke schneiden und mit den Korinthen von dem Wasser bedeckt zugedeckt 4 Stunden quellen lassen. • Die Früchte dann mit dem Quellwasser und den Haselnüssen im Mixer fein pürieren. • Die Hälfte der Kokosflocken unter das Fruchtpüree kneten; die Masse muß formbar werden. Gegebenenfalls noch mehr Kokosflocken unterkneten. • Das Fruchtpüree zu einer etwa 4 cm dicken Rolle formen und in den übrigen Kokosflocken wenden; die Kokosflocken leicht andrücken. • Die Rolle dann in 50 gleich dicke Scheiben schneiden und diese nach Belieben in Papierförmchen setzen. • Die Fruchtschnitten halten sich im Kühlschrank ungefähr 4 Tage frisch.

Unser Tip: Statt Pflaumen und Aprikosen können Sie auch getrocknete Birnen, Äpfel, Feigen und Bananen für die Fruchtschnitten verwenden.

Konfekt aus der Vollwertküche

Für alle, die Süßes mit gutem Gewissen genießen möchten

Energiebrötchen

im Bild links

Zutaten für 50 Stück:
250 g gelbe Sojabohnen
80 g Zuckerrohrgranulat
½ Teel. gemahlene Vanille
3½ Eßl. Honig
50 g Butter
2–3 Teel. Instant-Pulverkaffee
abgeriebene Schale von
1 ungespritzten Orange
2 Eßl. Carobpulver
30 g fein geraspelte
Kokosflocken

Vollwertrezept
Braucht etwas Zeit

Pro Stück etwa:
170 kJ/40 kcal · 2 g Eiweiß
2 g Fett · 4 g Kohlenhydrate

Quellzeit: 12 Stunden
Vorbereitungszeit: 40 Minuten
Garzeit: 2¼ Stunden

Die Sojabohnen von Wasser bedeckt 12 Stunden quellen lassen. • Die Bohnen dann in einem Sieb abtropfen lassen und mit ¾ l frischem Wasser, 50 g Zuckerrohrgranulat und der Vanille zugedeckt bei schwacher Hitze in etwa 2 Stunden weich kochen. • Die Bohnen in einem Sieb abtropfen lassen, die Kochflüssigkeit dabei aufbewahren. • Die Bohnen im Mixer pürieren. • Die Kochflüssigkeit mit dem Honig so lange kochen lassen, bis die Masse sämig wird und karamelisiert. • Die Butter in Flöckchen darin schmelzen lassen. Den Pulverkaffee, das Bohnenpüree, das übrige Zuckerrohrgranulat, die Orangenschale und den gesiebten Carob unter den Honig mischen. • Aus der Masse walnußgroße Kugeln formen, diese leicht flach drücken und in den Kokosflocken wenden. • Die Energiebrötchen sind nur wenige Tage haltbar.

Sesamkrokant

im Bild rechts

Zutaten für 40 Stück:
200 g flüssiger Honig
2 Eßl. Butter
je ½ Teel. gemahlene Vanille und
Zimtpulver
150 g ungeschälte Sesamsamen
Für das Pergamentpapier: Butter

Vollwertrezept

Pro Stück etwa:
170 kJ/40 kcal · 1 g Eiweiß
2 g Fett · 4 g Kohlenhydrate

Zubereitungszeit: 30 Minuten
Ruhezeit: 1 Stunde

Den Honig mit der Butter, der Vanille und dem Zimt in einer möglichst schweren Pfanne unter ständigem Umrühren bei mittlerer Hitze 3 bis 4 Minuten sprudelnd kochen lassen, bis die Masse beginnt, cremig zu werden. • Die Sesamsamen hinzufügen und die Honigmasse unter ständigem Weiterrühren karamelisieren lassen; das dauert weitere 3 bis 4 Minuten. • Die Hitze dann etwas reduzieren und die Masse weiterrühren, bis sie rötlichbraun geworden ist; das dauert wiederum 2 bis 3 Minuten. • Die Pfanne vom Herd nehmen und die Masse umrühren, bis sie nicht mehr schäumt. • Ein großes Stück Pergamentpapier mit Butter bestreichen. • Die Krokantmasse ungefähr ½ cm dick auf das Papier streichen und 1 Stunde ruhen lassen. • Den Krokant dann zwischen Pergamentpapier in 40 annähernd gleich große Stücke brechen (das Pergamentpapier schützt vor unschönen Fingerabdrücken). • Den Sesamkrokant eventuell in Pralinen-Papiermanschetten anrichten. Er hält sich in einer gut verschlossenen Blechdose einige Wochen frisch.

Kugelrunde Rumpralinen

Wer den Rumgeschmack intensiver wünscht, sollte zusätzlich einige Tropfen Rumaroma verwenden

Rumkirschen

im Bild links

Zutaten für 50 Stück:
50 große Herzkirschen
etwa ½ l Rum (45 %)
200 g Zartbitter-Kuvertüre
50 g mittelfeiner Zucker
50 Pralinen-Manschetten

Etwas teurer
Braucht viel Zeit

Pro Stück etwa:
130 kJ/31 kcal · 0 g Eiweiß
1 g Fett · 4 g Kohlenhydrate

Marinierzeit: 3 Wochen
Zubereitungszeit: 1 Stunde
Zeit zum Trocknen: 4 Stunden

Die Kirschen behutsam waschen und dabei darauf achten, daß alle Stiele an den Kirschen bleiben. Die Kirschen auf einem Tuch abtropfen lassen. • Die Kirschen dann mit Holzspießchen jeweils viermal einstechen, in ein Glas legen und mit so viel Rum begießen, daß sie davon bedeckt sind. • Die Kirschen zugedeckt im Kühlschrank 3 Wochen in dem Rum marinieren lassen. • Die Kirschen danach auf saugfähigem Papier abtropfen lassen und behutsam trockentupfen. (Den Rum für Getränke, Desserts oder Gebäck verwenden.) • Die Kuvertüre in Stücke schneiden und im heißen Wasserbad schmelzen lassen. • Den Zucker in eine kleine Schale schütten. • Die Kirschen nacheinander in die nicht mehr heiße Kuvertüre tauchen, so daß sie völlig davon überzogen sind und anschließend zur Hälfte in den Zucker tauchen, so daß schwarzweiße Kirschen entstehen. • Die Kuvertüre auf den Kirschen auf einem feinmaschigen Kuchengitter in etwa 4 Stunden trocknen lassen, die Kirschen in den Manschetten anrichten und im Kühlschrank aufbewahren. • Die Kirschen sollten innerhalb von 2 Wochen verzehrt werden.

Rumkugeln

im Bild rechts

Zutaten für 80 Stück:
5 bittere Mandeln
150 g ungehäutete Mandeln
200 g Zartbitter-Kuvertüre
5 Eßl. Rum (54 %)
1 Teel. abgeriebene Schale von
1 ungespritzten Orange
125 g Butter
300 g Puderzucker
200 g geraspelte Schokolade

Berühmtes Rezept

Pro Stück etwa:
280 kJ/67 kcal · 1 g Eiweiß
4 g Fett · 7 g Kohlenhydrate

Zubereitungszeit: 1½ Stunden
Kühlzeit: 6 Stunden

Die bitteren Mandeln mit den anderen in der Mandelmühle mahlen. • Die Kuvertüre im heißen Wasserbad schmelzen lassen, mit dem Rum, der Orangenschale und den geriebenen Mandeln verrühren und aus dem Wasserbad nehmen. • Die Butter schaumig rühren. Den Puderzucker darüber sieben und untermischen. • Die Buttercreme eßlöffelweise mit der Schokoladenmasse mischen und abkühlen lassen. • Die Schüssel mit der Konfektmasse in Eiswasser stellen. Mit zwei Teelöffeln kleine Mengen von der Konfektmasse abstechen, mit kühlen Fingern zu kleinen Kugeln formen und diese in der geraspelten Schokolade wenden. • Die Rumkugeln auf Pergamentpapier im Kühlschrank in ungefähr 6 Stunden fest werden lassen. • Die Rumkugeln eventuell in Pralinen-Papiermanschetten geben und lagenweise zwischen Pergamentpapier in einer Dose aufbewahren.

Pralinen aus Honigmarzipan

Reizvolle Varianten aus selbstbereitetem Marzipan, die etwas Geduld erfordern

Zutaten für jeweils 50 Stück aus 1 Portion Marzipan:
Für das Marzipan:
200 g abgezogene Mandeln
3½ Eßl. cremiger Blütenhonig
2 Eßl. Rosenwasser
Für die Zimtherzen:
½ Teel. Zimtpulver
50 g Sucanat-Schokolade (Reformhaus)
25 Haselnußkerne
2 Eßl. gehackte Pistazien
Für die Orangenwürfel:
abgeriebene Schale von 1 ungespritzten Orange
2 Eßl. Honig
50 g Orangeat
Für die Rosentaler:
100 g Hagebuttenmarmelade
50 abgezogene geriebene Mandeln
1 Eiweiß
2 Eßl. Hagebuttenmarmelade
Für die Marzipan-Igel:
2 Eßl. Kakaopulver
50 g Mandelstifte
Für das Pergamentpapier: Butter
eventuell Pralinen-Manschetten

Vollwertrezept
Braucht etwas Zeit

Pro Stück durchschnittlich etwa: 250 kJ/60 kcal · 2 g Eiweiß 5 g Fett · 4 g Kohlenhydrate

Vorbereitungszeit pro Variante: 1 Stunde
Zeit zum Trocknen: 24 Stunden
Fertigstellung pro Variante: 1 Stunde

Die Mandeln im Mixer mehlfein pürieren oder durch die Mandelmühle drehen und zusätzlich im Mörser zerstoßen. • Die Mandeln mit dem Honig in einer Schüssel über einen Topf mit kochendem Wasser stellen und den Honig weich werden lassen. • Die Mandeln mit dem Honig und dem Rosenwasser verrühren und zugedeckt bei Raumtemperatur 24 Stunden trocknen lassen. • Für die Zimtherzen dem Marzipan schon mit dem Rosenwasser den Zimt untermengen. • Ein großes Stück Pergamentpapier mit Butter bestreichen. Das getrocknete Marzipan 1 cm dick auf dem Pergamentpapier ausrollen und 50 kleine Herzen ausstechen. • Die Sucanat-Schokolade in Stükke brechen und im heißen Wasserbad schmelzen lassen. • Die Haselnüsse quer halbieren, in die Schokolade tauchen, etwas über der Schokolade abtropfen lassen und je 1 Hälfte auf die Herzen setzen. • Die Nüsse mit einem feinen Kränzchen aus den gehackten Pistazien umstreuen. • Für die Orangenwürfel die Orangenschale und die 2 Eßlöffel Honig schon zu Beginn unter das Marzipan mischen. • Das Marzipan nach dem Trocknen auf gefettetem Pergamentpapier 3 cm dick ausrollen und in 50 Quadrate schneiden. • Das Orangeat sehr klein würfeln und auf die Quadrate streuen. • Für die Rosentaler das Marzipan beim Herstellen bereits mit den 100 g Hagebuttenmarmelade vermengen. • Das Marzipan nach dem Trocknen zu einer Rolle von 4 cm Durchmesser formen und 50 gleich dicke Scheiben davon abschneiden. Die geriebenen Mandeln mit dem leicht verquirlten Eiweiß verrühren, in eine kleine selbstgedrehte Spritztüte füllen und davon kleine Ringe auf die Taler spritzen. Jeden Ring mit einem Tupfen Hagebuttenmarmelade füllen. • Für die Marzipan-Igel Orangenmarzipan herstellen und nach dem Trocknen 50 kleine Ovale aus dem Marzipan formen. Die Ovale an einem Ende etwas spitz zulaufen lassen. • Die Igel mit dem Kakaopulver besieben und mit den Mandelstiften bestekken. Eventuell mit Schokoladen-Fettglasur Schnäuzchen und Augen auf die Igel zeichnen. Die Pralinen nach Wunsch in Pralinen-Papiermanschetten setzen.

Trüffeln, die feinsten vom Feinen

Sie verdienen den Namen des schwarzen »Goldes«, denn sie schmecken so köstlich wie diese

Teetrüffeln

im Bild links

Zutaten für 30 Stück:
¼ l Sahne
2 Teel. Teeblätter einer
würzigen Sorte
300 g zartbittere
Orangen-Schokolade
25 g Kokosfett
3 Eßl. Orangenlikör
30 Pralinen-Manschetten
2 Scheiben kandierte Orangen

Etwas teurer

Pro Stück etwa:
400 kJ/95 kcal · 0 g Eiweiß
8 g Fett · 8 g Kohlenhydrate

Zubereitungszeit: 1 Stunde

Die Sahne bei schwacher Hitze zum Kochen bringen und so lange sacht kochen lassen, bis sie sich auf ⅛ l reduziert hat. • Die Teeblätter danach 5 Minuten in der Sahne ziehen lassen, die Sahne durchseihen, die Teeblätter dabei gut ausdrücken. Die Sahne noch einmal aufkochen lassen und vom Herd nehmen. • Die Schokolade in Stücke brechen und unter öfterem Umrühren mit dem Kokosfett in der Sahne schmelzen lassen. • Den Orangenlikör unter die Trüffelmasse mischen und diese etwas fest werden lassen. • Die Trüffelmasse dann mit einem Schneebesen so lange kräftig schlagen, bis sie hellbraun und cremig ist. • Die Manschetten auf ein feuchtes Tuch stellen, damit sie nicht rutschen. • Die Trüffelmasse in einen Spritzbeutel mit kleiner Sterntülle füllen und die Manschetten damit ausspritzen. • Die Orangenscheiben in 30 sehr spitze Dreiecke schneiden und jeweils 1 mit der Spitze in die Trüffeln stecken.

Whiskytrüffeln

im Bild rechts

Zutaten für 40 Stück:
0,2 l Sahne
½ Teel. Instant-Pulverkaffee
200 g zartbittere Schokolade
25 g Kokosfett
7 Eßl. Whisky
1 Prise Salz
40 Pralinen-Manschetten
10 Cocktailkirschen
3–4 Eßl. Puderzucker

Etwas teurer

Pro Stück etwa:
230 kJ/55 kcal · 0 g Eiweiß
4 g Fett · 4 g Kohlenhydrate

Zubereitungszeit: 1 Stunde

Die Sahne bei schwacher Hitze zum Kochen bringen und etwas einkochen lassen. Den Pulverkaffee darin auflösen und den Topf vom Herd nehmen. • Die Schokolade in Stücke brechen und mit dem Kokosfett in der heißen Sahne unter Umrühren schmelzen lassen. 6 Eßlöffel Whisky und das Salz unterrühren. • Die Trüffelmasse etwas fest werden lassen, dann mit dem Schneebesen so lange schlagen, bis sie hellbraun und cremig ist. • Die Manschetten auf ein feuchtes Tuch stellen, damit sie nicht rutschen. • Die Trüffelmasse in einen Spritzbeutel mit kleiner Lochtülle füllen und die Manschetten damit ausspritzen. • Die Pralinen im Kühlschrank fest werden lassen. • Die Cocktailkirschen klein würfeln. • Den gesiebten Puderzucker mit dem restlichen Whisky gründlich zu einer streichfähigen Glasur verrühren. • Die Pralinen mit der Glasur überziehen. Die Kirschwürfel auf die noch feuchte Glasur geben.

Unser Tip: Die Trüffeln halten sich ungefähr 1 Woche frisch. Sie müssen aber kühl stehen, da sie sonst leicht weich werden.

Gefüllt und zu raschem Verzehr bestimmt

Rumänisches Weihnachtskonfekt

im Bild links

Zutaten für 20 Stück:
100 g Zartbitter-Kuvertüre
50 g ungehäutete Mandeln
100 g Puderzucker
1 Eiweiß
1–2 Teel. Rum (54 %)
Zum Füllen:
50 g Zartbitter-Kuvertüre
2 Eßl. Butter
1 hartgekochtes Eigelb
1 Eßl. Maraschinolikör
Zum Fertigstellen:
5 Eßl. Vollmilch-Schokoladenplättchen
20 Pralinen-Manschetten

Spezialität
Braucht etwas Zeit

Pro Stück etwa:
470 kJ/110 kcal · 2 g Eiweiß
7 g Fett · 10 g Kohlenhydrate

Zubereitungszeit: 1 Stunde
Kühlzeit: 12 Stunden

Die Kuvertüre in Stücke schneiden und mit den Mandeln durch die Mandelmühle drehen. • Den Puderzucker über die Schokoladen-Mandel-Masse sieben und mit dem Eiweiß und dem Rum zu einem glatten Teig verkneten. • Aus dem Teig eine etwa 4 cm dicke Rolle formen, in 20 gleich dicke Scheiben schneiden und diese in den Kühlschrank stellen. • Zum Füllen die Kuvertüre im heißen Wasserbad schmelzen und wieder abkühlen lassen. • Die Butter schaumig rühren. Das Eigelb mit einer Gabel zerdrücken und mit der Butter, dem Likör und der Kuvertüre mischen. • Die gekühlten Schokoladenscheiben etwas flach drücken und die Füllung darauf verteilen. Die Scheiben über der Füllung zusammendrücken und Kugeln daraus formen. • Die Kugeln in den Schokoladenplättchen wenden, diese leicht andrücken. Das Konfekt in die Manschetten legen und in 12 Stunden im Kühlschrank fest werden lassen. • Das Konfekt kühl aufbewahren und frisch verbrauchen.

Meraner Nüsse

im Bild rechts

Zutaten für 20 Stück:
250 g Zucker
⅛ l Wasser
125 g Marzipan-Rohmasse
70 g Puderzucker
40 halbe Walnußkerne
20 Pralinen-Manschetten
Für das Pergamentpapier: Öl

Spezialität aus Südtirol
Schnell

Pro Stück etwa:
680 kJ/160 kcal · 2 g Eiweiß
8 g Fett · 21 g Kohlenhydrate

Zubereitungszeit: 40 Minuten

Den Zucker mit dem Wasser zum Kochen bringen und umrühren, bis sich der Zucker aufgelöst hat. Das Zuckerwasser dann bei mittlerer Hitze in etwa 15 Minuten hellbraun und sirupartig einkochen lassen. • Die Marzipan-Rohmasse mit dem Puderzucker verkneten, eine Rolle daraus formen, in 20 Stücke schneiden und zu Ovalen formen. Seitlich an die Ovale jeweils 2 Walnußkerne drücken. • Ein Stück Pergamentpapier mit Öl bestreichen. • Die »Nüsse« nacheinander mehrmals in den Zuckersirup tauchen und diesen auf dem Pergamentpapier trocknen lassen. • Die Meraner Nüsse in Manschetten legen und gut verschlossen, aber nicht zu lange aufbewahren.

Himbeerpralinen

Am besten mit großen, vollreifen, aber noch festen Himbeeren herstellen

Zutaten für 50 Stück:
200 g reife Himbeeren
etwa ¼ l Himbeergeist
200 g Vollmilch-Kuvertüre
50 Pralinen-Metallmanschetten
200 g Marzipan-Rohmasse
150 g Puderzucker · 1 Eiweiß
1–2 Tropfen rote Lebensmittelfarbe
75 g zartbittere Schokolade

Etwas teurer
Braucht viel Zeit

Pro Stück etwa:
243 kJ/58 kcal · 0 g Eiweiß
2 g Fett · 5 g Kohlenhydrate

Marinierzeit: 3 Wochen
Zubereitungszeit: 1 Stunde
Kühlzeit: 45 Minuten

Die Himbeeren unter zartem Wasserstrahl behutsam waschen und auf saugfähigem Papier gut abtropfen lassen. Die Beeren in ein Glas legen, mit so viel Himbeergeist übergießen, daß sie davon bedeckt sind und zugedeckt 2 bis 3 Wochen im Kühlschrank marinieren lassen. • Die Kuvertüre in Stücke schneiden und im heißen Wasserbad schmelzen lassen. • Nacheinander jeweils 5 Manschetten dreiviertel hoch mit Kuvertüre füllen und schwenken, so daß die Kuvertüre die Kapseln völlig und nicht zu dünn auskleidet. • Die Manschetten dann umgedreht auf ein Kuchengitter über Alufolie stellen, abtropfen lassen und für 15 Minuten in den Kühlschrank stellen. • Die Himbeeren gut abtropfen lassen; den Himbeergeist (er ist jetzt rosa und von feinstem Aroma) unbedingt aufbewahren. • Die Himbeeren in die Manschetten verteilen; diese sollten nur dreiviertel hoch gefüllt sein. • Die Marzipan-Rohmasse mit 50 g Puderzucker verkneten, dünn ausrollen und 50 Kreise ausstechen. Auf die Himbeeren legen. • 100 g Puderzucker mit dem Eiweiß und der Lebensmittelfarbe verrühren und auf das Marzipan streichen. Im Kühlschrank in 30 Minuten fest werden lassen. • Die Schokolade im heißen Wasserbad schmelzen, wieder abkühlen lassen und auf jedes Praliné 1 Tropfen Schokolade setzen.

Trüffelspitzen

Ein durch die japanische Konfiserie inspiriertes Konfekt, das rasch verzehrt werden sollte

Zutaten für 70 Stück:
je 100 g gelbe Sojabohnen und Azukibohnen
150 g Zuckerrohrgranulat
je ½ Teel. gemahlene Vanille und Zimtpulver
2 Prisen gemahlene Gewürznelken
100 g Kokosfett · 2 Eßl. Rum
Zum Bestreuen: 3 Eßl. Zuckerrohrgranulat
Für das Pergamentpapier: Kokosfett

Vollwertrezept
Braucht viel Zeit

Pro Stück etwa:
140 kJ/33 kcal · 1 g Eiweiß
2 g Fett · 3 g Kohlenhydrate

Quellzeit: 24 Stunden
Garzeit: 2¼ Stunden
Fertigstellung: 40 Minuten

Die Soja- und die Azukibohnen von Wasser bedeckt 24 Stunden quellen lassen. • Dann abtropfen lassen und mit ½ l frischem Wasser, 50 g Zuckerrohrgranulat, der Vanille, dem Zimt und 1 Prise Nelkenpulver zugedeckt bei schwacher Hitze in etwa 2¼ Stunden weich kochen. Eventuell Wasser nachgießen; die Bohnen sollen gerade bedeckt sein. • Die Bohnen im Mixer fein pürieren. • Das relativ flüssige Püree in eine große Pfanne schütten, das übrige Zuckerrohrgranulat, die zweite Prise Nelkenpulver und das Kokosfett hinzufügen und alles unter ständigem Umrühren bei mittlerer Hitze zu einer festen Masse einkochen lassen. Dabei das flüssige Fett immer wieder vom Rand in die Mitte rühren. • Die Trüffelmasse abkühlen lassen. • Ein großes Stück Pergamentpapier mit Kokosfett bestreichen. • Den Rum unter die Trüffelmasse rühren, diese in einen Spritzbeutel füllen und 70 Spitzen auf das Pergamentpapier spritzen. Jede Trüffelspitze mit etwas Zuckerrohrgranulat bestreuen. • Die Trüffelspitzen fest werden lassen und im Kühlschrank aufbewahren. • Sie halten sich 1 Woche frisch.

Raffiniertes für große und kleine Naschkatzen

Fantasievolles Konfekt von großer Wirkung

Knusperchen

im Bild vorne

Zutaten für 60 Stück:
2 Eßl. Butter
200 g Zuckerrohrgranulat
⅛ l Sahne
1 Messerspitze Zimtpulver
100 g Cornflakes
Für die Alufolie:
geschmacksneutrales Öl

Preiswert • Gelingt leicht

Pro Stück etwa:
110 kJ/26 kcal · 0 g Eiweiß
1 g Fett · 5 g Kohlenhydrate

Zubereitungszeit: 30 Minuten
Zeit zum Trocknen: 12 Stunden

Die Butter in einer großen Pfanne zerlassen. Das Zukkerrohrgranulat hinzufügen und rühren, bis es zu schmelzen beginnt. Kräftig weiterrühren, bis der Zucker karamelisiert und dunkler wird. • Den Karamel sofort vom Herd nehmen und unverzüglich die Sahne und den Zimt untermischen. • Die Karamelmasse erneut bei schwacher Hitze kochen lassen, bis die Flüssigkeit sämig und zähflüssig wird. • Dann die Cornflakes unter die Karamelmasse ziehen. • Ein großes Stück Alufolie gut einölen. • Mit zwei Teelöffeln 60 kleine Portionen von der Karamelmasse abnehmen und als Häufchen auf die Alufolie setzen. • Die Knusperchen mindestens 12 Stunden trocknen lassen und nach Wunsch in Pralinenmanschetten setzen.

Trüffeloblaten

im Bild hinten

Zutaten für 22 Stück:
0,1 l Sahne
50 g Vollmilch-Kuvertüre
50 g Zartbitter-Kuvertüre
50 g Butter
2 Eßl. Kirschwasser
150 g Sauerkirschkonfitüre
11 Cocktailkirschen
88 runde Backoblaten von 4 cm Durchmesser

Etwas schwierig

Pro Stück etwa:
320 kJ/76 kcal · 1 g Eiweiß
5 g Fett · 7 g Kohlenhydrate

Vorbereitungszeit: 30 Minuten
Kühlzeit: 12 Stunden
Fertigstellung: 30 Minuten

Die Sahne bei schwacher Hitze auf etwa 75° erwärmen und vom Herd nehmen. • Die gesamte Kuvertüre in Stücke schneiden und mit der Butter in der Sahne unter Umrühren schmelzen lassen. • Das Kirschwasser unter die Trüffelmasse ziehen und diese in den Kühlschrank stellen, bis sie streichfähig ist. • Die Konfitüre durch ein Sieb streichen. • Die Kirschen halbieren und zugedeckt in den Kühlschrank stellen. • Aus jeweils 4 Oblaten ein Türmchen zusammensetzen: Die unterste Oblate mit Trüffelmasse bestreichen und mit 1 Oblate bedecken. Darauf die Konfitüre verteilen, mit 1 Oblate belegen und darauf wieder von der Trüffelmasse streichen. Mit einer Oblate abschließen. • Die Türmchen auf ein Brett legen, mit einem kleineren Brett bedecken, dieses etwas beschweren und die Türmchen 12 Stunden kühl stellen. • Die übrige Trüffelmasse cremig rühren, in einen Spritzbeutel mit kleiner Sterntülle füllen und auf jedes Türmchen eine Rosette spritzen. Die Rosetten mit je ½ Cocktailkirsche garnieren. • Das Konfekt bis zum Servieren kühl stellen, dann nach Belieben in Pralinenmanschetten setzen.

Fein gefüllte Überraschungspralinen

Zunächst eine Augenweide, danach echte Gaumenfreude

Erdbeerpralinen

im Bild vorne

Zutaten für 90 Pralinen:
250 g aromatische Erdbeeren
250 g Puderzucker
250 g Zartbitter-Kuvertüre
90 Pralinen-Metallmanschetten
1 Eßl. Himbeergeist
150 g weiße Schokolade
2 Eßl. Sahne
100 g Marzipan-Rohmasse
rote Lebensmittelfarbe
2 Eßl. Puderzucker

Etwas schwierig

Pro Stück etwa:
170 kJ/40 kcal · 0 g Eiweiß
2 g Fett · 6 g Kohlenhydrate

Zubereitungszeit: 1½ Stunden
Kühlzeit: 45 Minuten

Die Erdbeeren waschen, abtropfen lassen und die Kelche entfernen. • Die Beeren mit dem Puderzucker bei schwacher Hitze unter Rühren in 30 Minuten zu einem dicken Püree einkochen lassen. Die Beeren dabei zerdrükken. • Die Kuvertüre im heißen Wasserbad schmelzen lassen. • Nacheinander jeweils 5 Manschetten dreiviertel hoch mit Kuvertüre füllen und die Kapseln durch Schwenken damit auskleiden. Die Kapseln umgedreht auf einem Gitter über Alufolie abtropfen lassen und 15 Minuten in den Kühlschrank stellen. • Das Erdbeerpüree in Eiswasser kalt rühren, mit dem Himbeergeist mischen und die Manschetten damit füllen. • Die weiße Schokolade mit der Sahne bei schwacher Hitze zu einer streichfähigen Masse schmelzen lassen. Die Masse auf das Püree streichen und im Kühlschrank in 30 Minuten fest werden lassen. • Die Marzipan-Rohmasse mit Lebensmittelfarbe hellrot färben, mit dem Puderzucker verkneten und 90 kleine Erdbeeren daraus formen. Die Pralinen mit den Marzipanerdbeeren belegen.

Likörpralinen

im Bild hinten

Zutaten für 75 Stück:
300 g Zartbitter-Kuvertüre
75 Pralinen-Metallmanschetten
150 g weiße Schokolade
2 Eßl. Sahne
100 g weiche Butter
100 g Puderzucker
3 Eßl. Kirschlikör
1 Teel. Kirschwasser
100 g kandierte Veilchen

Berühmtes Rezept

Pro Stück etwa:
220 kJ/52 kcal · 0 g Eiweiß
4 g Fett · 6 g Kohlenhydrate

Zubereitungszeit: 1 Stunde
Kühlzeit: 30 Minuten

Die Kuvertüre in Stücke schneiden und im heißen Wasserbad schmelzen lassen. • Nacheinander jeweils 5 Manschetten dreiviertel hoch mit Kuvertüre füllen und durch Schwenken damit auskleiden. Die Kapseln umgedreht auf einem Gitter über Alufolie abtropfen lassen. • Die weiße Schokolade in Stücke brechen und mit der Sahne bei schwacher Hitze schmelzen. • Die Butter mit dem Puderzucker besieben und schaumig rühren. Eßlöffelweise die Schokolade und zuletzt den Likör und das Kirschwasser untermischen. • Diese Masse und die ausgekleideten Manschetten 30 Minuten in den Kühlschrank stellen. • Die abgetropfte Kuvertüre von der Alufolie lösen und mit der übrigen Kuvertüre erneut schmelzen und leicht abkühlen lassen. • Die Manschetten zu drei Viertel mit der Likörmasse füllen und mit der Kuvertüre bedecken. Jeweils 1 kandiertes Veilchen auf die noch feuchte Kuvertüre setzen. • Die Pralinen kühl und trocken aufbewahren und innerhalb von 2 Wochen verzehren.

Schokoladenkonfekt von zartem Schmelz

Besonders reizvolle Erfindungen, jedoch zu baldigem Verzehr bestimmt

Pfefferminz-Eiskonfekt

im Bild vorne

Zutaten für 30 Stück:
- ⅛ l Sahne
- 250 g weiße Schokolade
- 100 g Butter
- 2–3 Eßl. Crème de Menthe (Pfefferminzlikör)
- 1–2 Tropfen Pfefferminzöl
- 30 Pralinen-Metallmanschetten
- 60 g kandierte Angelika

Gelingt leicht

Pro Stück etwa:
370 kJ/88 kcal · 1 g Eiweiß
8 g Fett · 6 g Kohlenhydrate

Zubereitungszeit: 1 Stunde

Die Sahne bei schwacher Hitze auf etwa 75° erwärmen. • Die Schokolade in Stücke brechen und unter Umrühren in der Sahne schmelzen lassen. Die Sahne vom Herd nehmen. • Die Butter in kleinen Stücken in der Schokoladensahne zerlassen, dann den Likör unterrühren. • Die Creme mit dem Pfefferminzöl abschmecken und 45 Minuten in den Kühlschrank stellen. • Während der Kühlzeit die Creme alle 15 Minuten kräftig durchrühren. • Die Creme dann in einen Spritzbeutel mit kleiner Sterntülle füllen und dekorativ in die Metallmanschetten spritzen. • Die kandierte Angelika in 30 kleine Rauten schneiden und jedes Praliné damit verzieren. • Das Konfekt bis zum Servieren in den Kühlschrank oder – noch besser – ins Eiswürfelfach stellen.

Mini-Mousses

im Bild hinten

Zutaten für 20 Stück:
- 2 Blätter farblose Gelatine
- 80 g Zartbitter-Kuvertüre
- 3 Eier
- 60 g Zucker
- 3 Eßl. Sahne
- 150 g Marzipan-Rohmasse
- 50 g Puderzucker
- 1 Eßl. Rum
- 40 g weiße Schokolade

Etwas schwierig

Pro Stück etwa:
510 kJ/120 kcal · 3 g Eiweiß
6 g Fett · 14 g Kohlenhydrate

Vorbereitungszeit: 1 Stunde
Kühlzeit: 4 Stunden
Fertigstellung: 20 Minuten

Die Gelatine von kaltem Wasser bedeckt 10 Minuten quellen lassen. • Die Kuvertüre in Stücke schneiden und im heißen Wasserbad schmelzen lassen. • Die Eier in Eigelbe und Eiweiße trennen. Die Eigelbe mit der Hälfte des Zuckers cremig schlagen. • Die Gelatine ausdrücken und in der geschmolzenen Kuvertüre auflösen. • Die Eigelbcreme mit der Sahne eßlöffelweise unter die Kuvertüre ziehen. • Die Eiweiße zu sehr steifem Schnee schlagen und dabei den restlichen Zucker einrieseln lassen. • Den Eischnee behutsam unter die Schokoladencreme heben und die Mousse 4 Stunden in den Kühlschrank stellen. • Die Marzipan-Rohmasse kleinschneiden und mit dem Puderzucker und dem Rum verkneten. • Das Marzipan zwischen Frischhaltefolie ½ cm dünn ausrollen und 20 Kreise von etwa 4 cm Durchmesser ausstechen. • Von der festgewordenen Mousse mit einem kleinen Eisportionierer 20 schöne Halbkugeln abstechen. Den Portionierer dazwischen immer in Wasser tauchen. Die Halbkugeln auf die Marzipankreise setzen. • Von der weißen Schokolade mit einem Sparschäler Späne abraspeln und auf die Mini-Mousses streuen. Diese bis zum Servieren kalt stellen.

Orientalisch anmutende Pralinen

Jede der beiden Konfektsorten hat einen ungewöhnlichen Reiz

Kardamomkugeln

im Bild vorne

Zutaten für 25 Stück:
- 3 Kardamomkapseln
- ¼ l Sahne
- 50 g Zucker
- 100 g Rundkornreis
- 1 Eigelb
- 70 g gehackte Pistazien

Spezialität

Pro Stück etwa:
350 kJ/83 kcal · 2 g Eiweiß
6 g Fett · 6 g Kohlenhydrate

Vorbereitungszeit: 1 Stunde
Garzeit: 30 Minuten
Zeit zum Trocknen: 12 Stunden

Die Kardamomkapseln aufknacken und die schwarzen Samen im Mörser zerstoßen. • Den fein zerriebenen Kardamom mit der Sahne und dem Zucker langsam erhitzen. Den Rundkornreis unter Rühren einstreuen und aufkochen lassen. • Den Reis bei schwacher Hitze in 30 Minuten ausquellen lassen. • Das Eigelb unterrühren und den Reis noch einmal kurz aufkochen lassen. Die Reismasse offen bei Raumtemperatur abkühlen lassen. • Sobald sie handwarm ist, mit einem Teelöffel 25 gleich große Portionen abstechen, zu Kugeln formen und in den Pistazien wenden; die Pistazien dabei leicht andrücken. • Die Pralinen mindestens 12 Stunden trocknen lassen, kühl lagern und eventuell in Pralinenmanschetten geben. Die Kugeln bald essen.

Möhrenwürfel

im Bild hinten

Zutaten für 30 Stück:
- 250 g junge Möhren
- 1 ungespritzte Zitrone
- 40 g Butterschmalz
- 0,1 l Milch
- 1 Messerspitze frisch geriebene Muskatnuß
- 200 g Honig
- 30 g Korinthen
- 50 g Mandelblättchen
- 25 g gehackte Pistazien
- 1 Stück eßbare Silberfolie
- Für die Arbeitsfläche: Butter

Preiswert

Pro Stück etwa:
230 kJ/55 kcal · 1 g Eiweiß
3 g Fett · 7 g Kohlenhydrate

Zubereitungszeit: 1 Stunde

Die Möhren waschen, schälen und fein raspeln. • Die Zitronenschale abreiben, den Zitronensaft auspressen. • Die Zitronenschale mit dem -saft, den Möhrenraspeln, dem Butterschmalz, der Milch und dem Muskat in einem Topf unter Umrühren zum Kochen bringen. Die Masse zugedeckt bei schwacher Hitze 10 Minuten dünsten, bis die Möhren weich sind. • Dann den Honig hinzufügen und alles mit dem Pürierstab fein pürieren oder durch ein Haarsieb streichen. • Die Korinthen warm waschen und abtropfen lassen. • Die Mandelblättchen, die Pistazien und die Korinthen unter die Möhren mischen und alles im offenen Topf so lange bei schwacher Hitze kochen lassen, bis die Masse dick und fest ist. • Eine Arbeitsplatte – möglichst aus Marmor – mit Butter bestreichen. • Die Möhrenpaste etwa 1 cm dick auf die Arbeitsplatte streichen, mit der Silberfolie bedecken und völlig erkalten lassen. • Die kalte Möhrenpaste mit der Silberfolie in 30 gleich große Würfel schneiden und kühl aufbewahren. Die Würfel eventuell in Pralinenmanschetten geben.

Unser Tip: Eßbare Silberfolie gibt es in asiatischen Spezialitätenläden. Ersatzweise können Sie die Würfel auch mit Mandelblättchen oder Sesamsamen bedecken.

Kandierte Kürbisstäbchen

Ein vorzügliches Konfekt, das auch mit anderen Früchten gelingt

Zutaten für 30 Stück:
400 g festes, frisches geschältes Kürbisfleisch
350 g Farinzucker
50 g Traubenzucker
2 Eßl. Ingwerpulver
je 1 Teel. Zimtpulver, Piment, gemahlene Gewürznelken und geriebene Muskatnuß
150 g Zartbitter-Kuvertüre

Braucht viel Zeit

Pro Stück etwa:
340 kJ/81 kcal · 0 g Eiweiß
2 g Fett · 17 g Kohlenhydrate

Vorbereitungszeit: 1 Stunde
Kandierzeit: 3½ Tage
Fertigstellung: 25 Minuten

Das Kürbisfleisch in etwa 4 cm lange und 1 cm breite Streifen schneiden. • ¼ l Wasser zum Kochen bringen und die Kürbisstifte darin 7 Minuten blanchieren. Mit einem Schaumlöffel herausheben und abtropfen lassen. • Den zurückgebliebenen Sud mit dem Farinzucker und dem Traubenzucker mischen. • Die Kürbisstäbchen mit den Gewürzen bestreuen. • Den Sud und die Kürbisstäbchen voneinander getrennt 12 Stunden bei Raumtemperatur offen stehenlassen. • Den Sud dann zu einem dicken Sirup einkochen lassen (mit Hilfe des Zuckerthermometers auf 110° erhitzen) und heiß über die Kürbisstreifen gießen. • Die Stäbchen 24 Stunden in dem Sirup ziehen lassen. • Den Sud abgießen, wieder dick einkochen, erneut über die Kürbisstäbchen gießen und weitere 24 Stunden darin ziehen lassen. • Die Kürbisstäbchen danach auf einem Kuchengitter in ungefähr 24 Stunden trocknen lassen. • Die Kuvertüre in Stücke schneiden und im heißen Wasserbad schmelzen lassen. Die Stäbchen etwa zur Hälfte hineintauchen, über der Kuvertüre kurz abtropfen lassen und diese dann auf Alufolie oder Pergamentpapier trocknen lassen.

Nougattütchen

Eine liebenswerte Art, dieses geschätzte Konfekt anzubieten

Zutaten für 30 Stück:
5 Bogen extrastarke Goldfolie (Bastelbedarf)
40 Haselnußkerne
4 Eßl. Sahne
100 g Zartbitter-Kuvertüre
200 g Nußnougat
1 Eßl. Butter

Gelingt leicht
Berühmtes Rezept

Pro Stück etwa:
330 kJ/80 kcal · 1 g Eiweiß
4 g Fett · 5 g Kohlenhydrate

Zubereitungszeit: 1½ Stunden
Kühlzeit: 1 Stunde

Den Backofen auf 225° vorheizen. • Aus der Goldfolie 30 Kreise von 6 cm Durchmesser schneiden und diese zu spitzen Tütchen formen. • Die Haselnüsse auf ein Backblech schütten und etwa 5 Minuten im Backofen rösten, bis die braunen Häutchen abplatzen. • Die Nüsse dann in einem trockenen Tuch reiben, bis alle Häutchen entfernt sind. • 15 Nüsse halbieren, die restlichen klein hacken. • Die Sahne bei schwacher Hitze erwärmen. Die Kuvertüre in Stücke schneiden und unter Rühren in der Sahne schmelzen lassen, dann vom Herd nehmen. • Die Nougatmasse in kleine Stücke schneiden und nach und nach mit der Butter und den gehackten Nüssen unter die Kuvertüre rühren. • Den Topf in eine Schüssel mit Eiswasser stellen und die Konfektmasse so lange mit dem Schneebesen schlagen, bis sie kalt und schaumig ist. • Die Nougatmasse in einen Spritzbeutel mit kleiner Sterntülle füllen, die Tütchen damit ausspritzen und jeweils mit einer kleinen Rosette abschließen. Auf jede Rosette ½ Nuß setzen. • Die Nougattütchen 1 Stunde in den Kühlschrank stellen und auch bis zum Verzehr kühl aufbewahren.

Reizvolle Nougat-Varianten

Diese zarte Grundmasse läßt sich vielseitig und delikat kombinieren

Veilchen-Nougat

im Bild hinten

Zutaten für 24 Stück:
30 g Pinienkerne
30 g Pistazien
100 g kandierte Veilchen
250 g feiner Zucker
100 g Traubenzucker
6 Eßl. Wasser · 1 Eiweiß
1 Tropfen Veilchenaroma
Für die Kastenform von
30 cm Länge: Reispapier
(asiatische Spezialitätenläden)

Etwas schwierig

Pro Stück etwa:
370 kJ/88 kcal · 1 g Eiweiß
4 g Fett · 18 g Kohlenhydrate

Zubereitungszeit: 1 Stunde
Ruhezeit: 12 Stunden

Die Pinienkerne in einer trockenen Pfanne bei schwacher Hitze unter Umwenden rösten, bis sie hellbraun sind. Dann abkühlen lassen. • Die Pistazien hacken. • Von den Veilchen 24 beiseite legen, die übrigen in kleine Stücke brechen. • Die Kastenform mit Reispapier auslegen. • Den Zucker und den Traubenzucker in dem Wasser bei schwacher Hitze unter Rühren auflösen, dann zum Kochen bringen und zu Sirup einkochen lassen (mit Hilfe des Zuckerthermometers auf 120° erhitzen). • Den Sirup sofort in kaltes Wasser tauchen, damit der Prozeß unterbrochen wird. • Das Eiweiß steif schlagen und unter weiterem Schlagen den noch heißen Sirup in den Eischnee träufeln. So lange weiterschlagen, bis die Masse cremig wird. • Die Pinienkerne, die gehackten Pistazien, die zerkleinerten Veilchen und das Veilchenaroma unter die Creme mischen, auf das Reispapier in der Form füllen, glattstreichen, mit Alufolie und einem passenden Brettchen bedecken und in 12 Stunden fest werden lassen. • Den Nougat aus der Form stürzen, wenden und die Alufolie abziehen. Den Veilchen-Nougat in 4 lange, schmale Streifen und diese in je 6 gleich große Stücke schneiden. Jedes Stück mit 1 kandierten Veilchen garnieren.

Nougatwürfel

im Bild vorne

Zutaten für 50 Stück:
400 g Nußnougat
200 g Marzipan-Rohmasse
50 g Puderzucker
2 Eßl. Ingwergelee
50 g Pistazien
300 g Zartbitter-Kuvertüre

Braucht etwas Zeit
Etwas schwierig

Pro Stück etwa:
420 kJ/100 kcal · 1 g Eiweiß
5 g Fett · 13 g Kohlenhydrate

Zubereitungszeit: 1½ Stunden
Ruhezeit: 12 Stunden

Den Nougat ins Eiswürfelfach legen, damit er fest wird. • Die Marzipan-Rohmasse kleinschneiden und mit dem Puderzucker und dem Ingwergelee verkneten. • Den Nougat in 50 gleich große Würfel schneiden. • Das Marzipan zwischen Klarsichtfolie 2 mm dünn ausrollen und in 100 Quadrate in der Größe der Nougatwürfel schneiden. • Die Nougatwürfel oben und unten mit je 1 Marzipanscheibe belegen. • Die Pistazien längs halbieren. • Die Kuvertüre im Wasserbad schmelzen und wieder etwas abkühlen lassen. • Die Nougatwürfel auf eine Gabel legen, in die nicht mehr ganz flüssige Kuvertüre tauchen und diese auf Pergamentpapier trocknen lassen. Jeweils ½ Pistazie auf die noch feuchte Kuvertüre drücken. Die Pralinen in 12 Stunden fest werden lassen.

Mandeln in süßen Hüllen

Hier kann man wählen zwischen honigsüß und zartbitter

Mandeln in Honigkaramel

im Bild vorne

Zutaten für 40 Stück:
200 g Honig · 2 Eßl. Butter
je ½ Teel. gemahlene Vanille und Zimtpulver
200 g abgezogene Mandeln
Für das Pergamentpapier: Butter

Vollwertrezept • Schnell

Pro Stück etwa:
210 kJ/50 kcal · 1 g Eiweiß
3 g Fett · 5 g Kohlenhydrate

Zubereitungszeit: 20 Minuten
Kühlzeit: 30 Minuten

Den Honig mit der Butter, der Vanille und dem Zimtpulver in einer möglichst schweren Pfanne unter ständigem Rühren mit einem Holzlöffel bei mittlerer Hitze 3 bis 4 Minuten sprudelnd kochen lassen, bis die Masse beginnt, cremig zu werden. • Die Mandeln unter die Honigmasse mischen und weiterrühren, bis sie beginnt, zu karamelisieren; das dauert weitere 3 bis 4 Minuten. • Alles unter ständigem Rühren noch 2 bis 3 Minuten kochen lassen, bis der Honigkaramel rötlichbraun ist. • Die Pfanne vom Herd nehmen und die Masse gelegentlich umrühren, bis sie nicht mehr schäumt. • Ein großes Stück Pergamentpapier mit Butter bestreichen und auf ein Holz- oder Marmorbrett legen. • Die Karamelmasse auf das Papier füllen, glattstreichen und kalt werden lassen. • Den kalten Karamel zwischen Pergamentpapier in möglichst gleich große Stücke brechen; durch das Pergamentpapier vermeidet man unschöne Fingerabdrücke auf dem Karamel. • Die Mandeln in Honigkaramel eventuell in Pralinenmanschetten geben. Sie halten sich in einer gut verschlossenen Blechdose einige Wochen frisch.

Mandelsplitter

im Bild hinten

Zutaten für 60 Stück:
300 g Mandelstifte
2 Teel. abgeriebene Schale von 1 ungespritzten Orange
2 Teel. fein gehackte Pistazien
2 Teel. klein gehackter, kandierter Ingwer
125 g weiße Schokolade
je 100 g zartbittere und Vollmilchschokolade
60 Pralinen-Manschetten

Etwas teurer
Gelingt leicht

Pro Stück etwa:
210 kJ/50 kcal · 1 g Eiweiß
4 g Fett · 3 g Kohlenhydrate

Zubereitungszeit: 1½ Stunden
Kühlzeit: 12 Stunden

Die Mandelstifte in einer trockenen Pfanne bei schwacher Hitze unter ständigem Umrühren hellgelb rösten, dann wieder abkühlen lassen. • Die Mandelstifte in 3 gleich große Portionen teilen. Eine Portion mit der Orangenschale, eine mit den Pistazien und eine mit dem Ingwer mischen. • Die 3 Schokoladensorten in Stücke brechen und jede Sorte für sich im heißen Wasserbad schmelzen lassen. • Die mit der Orangenschale gemischten Mandelstifte mit der weißen Schokolade, die mit den Pistazien gemischten mit der Vollmilchschokolade und die mit dem Ingwer gemischten mit der zartbitteren Schokolade verrühren. • Mit zwei in heißes Wasser getauchten Teelöffeln von jeder Mandelmasse gleich kleine Häufchen abnehmen und in die Pralinen-Manschetten setzen. • Die Mandelsplitter mindestens 12 Stunden im Kühlschrank fest werden lassen.

Leicht beschwipste Kugeln

Konfekt, das nicht gerade für Kinder gedacht ist

Kirschkugeln

im Bild 1. und 3. Reihe

Zutaten für 30 Stück:
30 Schattenmorellen aus dem Glas
¼ l Kirschwasser
etwa 25 g zartbittere Schokolade (2 Riegel)
etwa 12 g Vollmilchschokolade (1 Riegel)
175 g Zucker
175 g geriebene Haselnüsse
1 Eiweiß
4 Eßl. bunter Teezucker
30 Pralinen-Manschetten

Etwas teurer
Braucht viel Zeit

Pro Stück etwa:
350 kJ/83 kcal · 1 g Eiweiß
4 g Fett · 9 g Kohlenhydrate

Marinierzeit: 4 Wochen
Zubereitungszeit: 1 Stunde
Zeit zum Trocknen: 12 Stunden

Die Kirschen gut abtropfen lassen, mit dem Kirschwasser in ein Schraubglas geben und gut verschlossen mindestens 4 Wochen im Kühlschrank marinieren lassen. • Beide Schokoladensorten fein reiben. • Die Kirschen wieder in einem Sieb gut abtropfen lassen und den Saft leicht ausdrücken. • Den Zucker, die Haselnüsse, die Schokolade und das Eiweiß zu einer etwas spröden, festen Masse verkneten; wenn nötig, einige Tropfen von der Marinierflüssigkeit untermengen. • Jede Kirsche mit der Schokoladen-Nuß-Masse umhüllen, glatte Kugeln daraus drehen und diese in dem Teezucker wenden; den Zukker dabei leicht andrücken. • Die Kirschkugeln in 12 Stunden auf einem Kuchengitter trocknen lassen. • Die Pralinen dann in die Manschetten setzen und kühl aufbewahren.

Dulces de Jerez

Sherrykugeln
im Bild 2. und 4. Reihe

Zutaten für 30 Stück:
200 g zartbittere Schokolade
8 entsteinte getrocknete Datteln
0,1 l Sahne
25 g Kokosfett
4 Eßl. trockener Sherry
3 Eßl. Puderzucker
30 Pralinen-Manschetten

Spezialität aus Spanien
Gelingt leicht

Pro Stück etwa:
270 kJ/64 kcal · 0 g Eiweiß
4 g Fett · 7 g Kohlenhydrate

Zubereitungszeit: 1 Stunde
Ruhezeit: 12 Stunden

Die Schokolade in kleine Stükke brechen. • Die Datteln sehr klein hacken. • Die Sahne bei schwacher Hitze auf etwa 75° erwärmen. Dann vom Herd nehmen und die Schokolade mit dem Kokosfett darin schmelzen lassen. • Die gehackten Datteln mit dem Sherry unter die Schokoladenmasse mischen und diese abkühlen lassen, bis sie formbar ist. • Mit einem Teelöffel 30 gleich große Nocken von der Schokoladenmasse abstechen und diese zu glatten Kugeln drehen. • Den Puderzucker auf eine Platte sieben. Die Kugeln darin wenden, in die Manschetten setzen und im Kühlschrank in etwa 12 Stunden fest werden lassen.

Naschwerk, das die Spanier lieben

Es lohnt sich, die ungewöhnlichen Süßigkeiten zu probieren

Yemas Andaluas

Andalusisches Eierkonfekt
im Bild links

Zutaten für 50 Stück:
300 g Zucker
3 Eßl. halbtrockener Sherry (Amontillo)
abgeriebene Schale von 1 ungespritzten Orange
7 Eigelbe
100 g Puderzucker
50 Pralinen-Manschetten

Spezialität
Etwas schwierig

Pro Stück etwa:
350 kJ/83 kcal · 2 g Eiweiß
5 g Fett · 8 g Kohlenhydrate

Zubereitungszeit: 1 Stunde

Den Zucker mit dem Sherry in einen Topf geben und bei mittlerer Hitze unter ständigem Umrühren schmelzen und zu braunem Sirup werden lassen. Die Orangenschale untermischen. • Die Eigelbe mit dem Schneebesen oder mit dem elektrischen Rührgerät schaumig und sämig schlagen. • Unter weiterem Rühren den noch warmen Sirup langsam in die Eigelbcreme fließen lassen und rühren, bis sich alles gut miteinander verbunden hat. • Die Masse kalt werden lassen, dann zu einer Rolle von ungefähr 2 cm Durchmesser formen. 2 cm dicke Stücke davon abschneiden und diese zu Kugeln drehen. • Den Puderzucker auf eine Platte sieben. Die Eierkugeln behutsam darin wenden, in die Manschetten setzen und bis zum Servieren im Kühlschrank aufbewahren.

Turron

Spanisches Nußkonfekt
im Bild rechts

Zutaten für 70 Stück:
3 Eiweiße
225 g Honig
150 g Zucker
4 Eßl. Vanillezucker
100 g geriebene Haselnüsse
100 g geriebene Mandeln
100 g geriebene Pinienkerne
8–10 große rechteckige Backoblaten

Spezialität
Etwas schwierig

Pro Stück etwa:
210 kJ/50 kcal · 1 g Eiweiß
3 g Fett · 6 g Kohlenhydrate

Zubereitungszeit: 45 Minuten
Ruhezeit: 12 Stunden

Die Eiweiße zu sehr steifem Schnee schlagen. • Den Honig und danach den Zucker und den Vanillezucker unter ständigem Weiterschlagen langsam in den Eischnee träufeln oder rieseln lassen. Die Masse durchrühren, bis sie zähflüssig ist. • Die Masse in einen Topf füllen und bei sehr schwacher Hitze unter Rühren erwärmen, bis sie sich vom Topfboden löst. Diese Arbeit erfordert Geduld. • Nach und nach die geriebenen Nüsse, die Mandeln und die Pinienkerne hinzufügen und weiterrühren, bis sich alles gut miteinander verbunden hat. • Eine Auflaufform oder eine Springform mit etwa 4 cm hohem Rand mit der Hälfte der Oblaten auslegen. • Die Nußmasse darauf füllen, glattstreichen und mit den restlichen Oblaten bedecken. • Die Nußmasse in mindestens 12 Stunden fest werden lassen, danach in kleine Rauten schneiden.

Fritiertes Ananaskonfekt

Es kann lauwarm als Dessert oder kalt als Konfekt gereicht werden

Zutaten für 24 Stück:
200 g frische Ananas, geschält und vom Innenstrunk befreit
50 g Kokosflocken
0,2 l Sahne
30 g Grieß
40 g Zucker
2 Eier
6 Blätter Reispapier (asiatische Spezialgeschäfte)
50 g Butterschmalz

Etwas schwierig

Pro Stück etwa:
350 kJ/83 kcal · 2 g Eiweiß
6 g Fett · 63 g Kohlenhydrate

Zubereitungszeit: 1 Stunde

Die Ananas in kleine Stücke schneiden. Die Hälfte davon mit den Kokosflocken und der Sahne in einen Topf geben. Den Grieß und den Zucker hinzufügen und alles unter ständigem Umrühren zum Kochen bringen. • Die Masse bei schwacher Hitze unter weiterem Rühren in etwa 5 Minuten zu einem dicken Grießbrei ausquellen und dann abkühlen lassen. • Die Eier in Eigelbe und Eiweiße trennen. Die Eigelbe unter den Grießbrei ziehen. Die Eiweiße zu steifem Schnee schlagen und unter die Grießmasse heben. • Die Reispapierblätter einzeln in einer flachen Schale mit Wasser ½ Minute einweichen, auf einem Küchentuch abtropfen lassen und zwischen zwei Tüchern so weit trocknen lassen, daß sie noch formbar, aber nicht mehr naß sind. • Je zwei Reisblätter aufeinanderlegen und mit jeweils einem Drittel der Grießmasse bestreichen. Die übrigen Ananaswürfel darüber streuen und die Reisblätter eng zusammenrollen. • Die Rollen dann in etwa 1½ cm dicke Scheiben schneiden. • Das Butterschmalz erhitzen und die Scheiben darin von beiden Seiten goldgelb braten. Auf saugfähigem Papier gut abtropfen lassen und lauwarm oder kalt, in jedem Fall möglichst frisch, servieren. Nach Belieben mit etwas Puderzucker bestreuen.

Wichtige Zutaten für Plätzchen und Konfekt

Die meisten Zutaten für die Herstellung von Plätzchen und Konfekt sind Ihnen sicher bekannt. Wir haben uns deshalb auf weniger vertraute Produkte beschränkt.

Zum Süßen

Hier möchten wir auf einige besondere Süßmittel hinweisen.

Ahornsirup
Dieser Sirup wird durch Anzapfen von Ahornbäumen gewonnen. Der Saft enthält nach dem Einkochen noch geringe Mengen an Vitaminen und Mineralstoffen.

Zuckerrübensirup
Er wird durch Einkochen von Zuckerrüben gewonnen. Man verwendet ihn zum Backen hauptsächlich wegen seines Aromas.

Honig
Honig enthält geringe Mengen an Vitaminen, Mineral- und Aromastoffen sowie Enzymen. Die Honigsorten werden nach der pflanzlichen oder geographischen Herkunft oder nach Art der Gewinnung unterschieden.

Farinzucker
Farinzucker wird nicht gebleicht und hat etwas mehr Eigengeschmack als weißer Zucker. Die Süßkraft von Farinzucker ist geringer als die von weißem Zucker.

Zuckerrohrgranulat
Es wird auch Vollrohrzucker genannt und durch Einkochen und Trocknen des Zuckerrohrsaftes gewonnen. Durch die schonende Herstellung enthält es geringe Mengen Vitamine und Mineralstoffe. Zuckerrohrgranulat hat einen leicht karamelartigen Geschmack und ist in Reformhäusern erhältlich.

Gewürze, die mit Süße harmonieren

Bestimmte Gewürze gehören zu traditionellem Gebäck wie Anis zu Anisplätzchen, Zimt zu Zimtsternen und Pfeffer zu Pfeffernüssen. Experimentieren Sie einmal mit Ihrem Lieblingsgewürz.

Gewürznelken
Gewürznelken sind die Blütenknospen des Gewürznelkenbaumes. Sie werden getrocknet sowie im ganzen angeboten.

Ingwer
Er ist die Wurzel einer südostasiatischen Pflanze und wird frisch, getrocknet, gemahlen, kandiert oder in Sirup eingelegt angeboten.

Kardamom
Kardamom ist der rötlich braune Samen einer südostasiatischen Pflanze. Kardamomkapseln gibt es ganz und gemahlen zu kaufen.

Piment
Piment wird aus den getrockneten Beeren des Pimentbaumes gewonnen, die kurz vor der Reife geerntet werden.

Vanille
Die Schoten wachsen an einer zu den Orchideengewächsen zählenden Pflanze. Die geschmacksintensiveren Schoten schlitzt man auf und schabt das Mark heraus. Gemahlene Vanille, die man in Reformhäusern erhält, wird aus den ganzen Schoten gewonnen. Abgepackter Vanillezucker enthält keine echte Vanille, sondern künstliches Aroma und wird unter der Bezeichnung Vanillinzucker verkauft.

Zimt
Zimt ist die innnere Rinde des Zimtbaumes, wird getrocknet und im ganzen oder gemahlen verkauft. Ceylonzimt schmeckt mild und wird vielfach dem Cassiazimt von kräftigerem Geschmack vorgezogen.

Kakaopulver
Kakao wird aus den Bohnen des tropischen Kakaobaumes gewonnen. Sie werden getrocknet, geröstet und zu Kakaomasse vermahlen, die entölt wird.

Carobpulver
Carob gewinnt man aus den Früchten des Johannisbrotbaumes durch Trocknen und Mahlen. In der Vollwertküche benützt man Carobpulver anstelle von Kakao, da es im Gegensatz zu diesem frei von anregenden Stoffen ist.

Für lockeren Teig

Rührteig, Hefeteig und schwere Honigkuchen- und Lebkuchenteige benötigen im Gegensatz zu Brand- und Biskuitteig »Triebkraft«, um locker aufzugehen.

Backpulver
Backpulver ist eine Mischung aus kohlensäurehaltigen und kohlensäuretreibenden Bestandteilen, die beim Backen Gasbläschen bilden und den Teig lockern.

Hefe
Sie ist eine lebendige Substanz aus Kleinstpilzen, die sich nur entfalten können, wenn sie mit Flüssigkeit, Wärme und Kohlenhydraten in Berührung kommen.

Hirschhornsalz
Es zählt zu den gebräuchlichsten Backtriebmitteln und wird vor allem wegen seiner leicht geschmackgebenden Wirkung zur Herstellung von Lebkuchen und Gewürzgebäck verwendet.

Ideales Backfett

Für die feine Bäckerei wird in erster Linie Butter wegen ihres einzigartigen Aromas verwendet.

Kokosfett
Es wird aus dem Öl des Samens der Kokospalme hergestellt, zählt zu den wertvollen Speisefetten und eignet sich hervorragend zum Herstellen von Glasuren.

Substanzen zum Verfeinern

Zu ihnen zählt außer den Gewürzen, den alkoholischen und fruchtigen Aromaträgern auch Schokolade. Außerdem eignen sich folgende Substanzen zum Verfeinern von Teigen.

Kokosflocken
Sie werden aus dem Fruchtfleisch der Kokosnuß gewonnen. Die getrockneten Flocken sind fettreich und deshalb nur begrenzt haltbar. Kokosflocken nach dem Einkauf bis zum Verwenden kühl lagern.

Marzipan-Rohmasse
Sie wird aus süßen, sehr fein zerriebenen Mandeln und Zucker, oft unter Zugabe von Rosenwasser hergestellt. Marzipan-Rohmasse eignet sich hervorragend zur Herstellung von Konfekt.

Nußnougat
Es wird aus Haselnußmark, Kakaomasse, Kakaobutter und Zucker hergestellt. Nußnougat wird in Blöcken angeboten, von denen man sich die gewünschte Menge abschneiden lassen kann.

Nüsse und Samen
Sie sind häufig ein besonders wichtiger Bestandteil von Teigen, spielen aber beim Verzieren eine ebenso große Rolle. Da alle Nüsse und Samen einen hohen Fettgehalt haben, sollten Sie sie möglichst unzerkleinert und in den Schalen oder Häuten kaufen. Sie werden sonst schnell ranzig.

Getrocknete Früchte

Getrocknete Früchte spielen in der gesundheitsbewußten Ernährung eine wesentliche Rolle.

Trockenfrüchte zum Backen
Sie werden durch Erhitzen getrocknet und dadurch haltbar gemacht. Um die Haltbarkeit zu garantieren und zu verlängern und um eine schöne Farbe zu erzielen, werden Trockenfrüchte oft noch geschwefelt. Wer die mögliche gesundheitliche Beeinträchtigung durch das Schwefeln umgehen will, besorgt sich ungeschwefeltes Obst.

Rosinen
Diese Bezeichnung ist der Sammelbegriff für getrocknete Weinbeeren. Man unterscheidet hauptsächlich die kleinen, kernlosen Korinthen und die größeren goldgelben, ebenfalls kernlosen Sultaninen. Rosinen werden meist geschwefelt. Korinthen sind dunkle, kernlose Beeren, die nicht geschwefelt werden dürfen.

Orangeat
Es wird aus den Schalen von Pomeranzen oder Bitterorangen hergestellt. Die Schalen werden durch Kandieren – Einkochen in Zuckerlösung – haltbar gemacht. Orangeat gibt Teigen eine würzig-fruchtige Raffinesse.

Zitronat
Es wird aus den Schalen der Zedratzitronen hergestellt und auch unter der Bezeichnung Sukkade verkauft. Wie Orangeat ist Zitronat kandiert, es vermittelt Teigen eine herbere Würze als dieses.

Hilfreich für den letzten Schliff

Köstliche Plätzchen, feine Pralinen und delikates Konfekt kommen attraktiv verziert erst richtig zur Geltung. Im Handel gibt es inzwischen ein reichhaltiges Angebot für reizvolle Verzierungen. Hier eine Übersicht der wichtigsten fertigen Garnierungen und zugleich auch der praktischen kleinen Geräte, die Ihnen das Zubereiten von Pralinen und Kleingebäck erleichtern.

Zum Garnieren und Verzieren

Ob man die Verzierung Ton in Ton wählt oder kontrastierend, bleibt der eigenen Entscheidung überlassen. Wichtig ist nur, daß sie geschmacklich mit der Füllung oder Teigart harmoniert.

Kandierte Früchte

Sie werden durch Einkochen in konzentrierter Zuckerlösung gewonnen. Am häufigsten verwendet man kandierte Kirschen, Ananas, Orangenscheiben und Orangeat.

Kandierte Angelika
Angelika heißt auch Engelwurz, ist ein weißes Doldengewächs und eine Heilpflanze. Die dicken Blattstiele dienen kandiert zum Verzieren von Konfekt und Süßspeisen. Feinkostgeschäfte bieten sie zum Kauf an.

Kandierte Veilchen
Kandierte Veilchen wurden um die Jahrhundertwende auf jedem Jahrmarkt als Nascherei angeboten. Die kandierten Blüten besonders aromatischer Veilchenarten verwendet man heute hauptsächlich zum Verzieren und Garnieren von feinem Konfekt. Man kann sie in Feinkostgeschäften und Konditoreien kaufen.

Belegkirschen
Man bezeichnet sie auch als Konfitkirschen oder Cocktailkirschen und kann sie in den Farben Rot, Gelb und Grün kaufen.

Zuckerdekor

Das Besieben mit Puderzucker oder das Wenden in Zimt-Zucker sind allgemein bekannt. Wer Abwechslung im Zuckerdekor wünscht, kann sich folgender Mittel bedienen.

Hagelzucker
Hagelkornähnlicher Zucker, der aus Zuckerraffinade hergestellt wird. Er eignet sich gut zum Verzieren von Konfekt.

Zuckerperlen und -streusel
Sie werden aus Fondant, Zucker und Farbstoff hergestellt. Zuckerperlen gibt es weiß, bunt gemischt und silbern zu kaufen. Die bunten Zuckerstreusel werden immer in Beuteln in zarten Bonbon-Farben gemischt angeboten.

Dekorschnee
Er ist eine Mischung aus Traubenzucker, Zucker, Stärke und pflanzlichem Fett, der im Gegensatz zu Puderzucker auf das heiße Gebäck gestreut werden kann, ohne zu schmelzen.

Glasuren, Kuvertüren, Fondant

Sie verfeinern Gebäck und Pralinen, dienen als Verzierung und schützen Gebäck aus leichten Teigarten vor zu raschem Austrocknen.

Kuchenglasuren
Die industriell hergestellten Kuchenglasuren sind im Gegensatz zu den Kuvertüren Fettglasuren. Man kann sie in den Geschmacksrichtungen Vollmilch mit Haselnüssen, in zartbitter mit Kakao und weiß mit Zitronenaroma kaufen.

Konfitüren
Konfitüren aus den verschiedensten Früchten werden zum Aromatisieren und Bestreichen von Plätzchen und Konfekt verwendet. Oft bestreicht man ein Gebäck auch zuerst mit Konfitüre, ehe eine weitere Glasur oder Kuvertüre aufgebracht wird.

Kuvertüre
Kuvertüre wird zum Überziehen von Kuchen, Torten, Plätzchen und Pralinen und zum Verzieren verwendet. Man kann zwischen den Geschmacksrichtungen Vollmilch und Zartbitter wählen. Kuvertüre, die man nach dem Schmelzen völlig abkühlen und dann erneut schmelzen läßt, bekommt einen schönen Glanz.

Fondant
Diese Glasur aus Puderzucker und Flüssigkeit mit beliebigen Geschmacksstoffen ist so schwierig herzustellen, daß wir in den Rezepten die fertigen Fondantsorten aus der Tube empfehlen, die man in den Geschmacksrichtungen Schokolade, Vanille und Zitrone kaufen kann.

Schokolade zum Garnieren

Sie wird nicht nur in Form von Kuvertüre zum Überziehen verwendet, sondern auch zum Verzieren und Garnieren. Je nach Teigart oder Füllung kann man weiße, zartbittere, bittere, Vollmilchschokolade oder Blockschokolade selbst reiben oder raspeln. Außerdem kann man fertige Raspelschokolade, Borkenschokolade, Schokoladenstreusel sowie Schokoladenherzen und -blättchen kaufen.

Effektvolle Hilfen

Sie erleichtern das exakte Formen sowie das farbenfrohe Verzieren.

Backoblaten
Sie werden aus Mehl und Wasser hergestellt. Man verwendet sie für Gebäck aus feuchtem Teig wie Makronen, damit sich diese leicht vom Backblech lösen lassen.

Lebensmittelfarben
Mit ihnen lassen sich Zuckerglasuren, Zuckerguß, Marzipan oder Baisermasse beliebig färben. Lebensmittelfarbe gibt es in Rot, Grün, Gelb und Blau.

Praktische Hilfen und Geräte

Einige dieser Hilfen und Geräte sind schon selbstverständliches Backzubehör, andere erleichtern die Feinarbeit beim Verzieren und Herstellen von Pralinen.

Backpapier
Es ist gewachstes, hitzebeständiges Spezialpapier und wird anstelle von Fett zum Belegen des Backblechs benützt. Beim Plätzchenbacken kann man es für etwa vier Backgänge auf dem Blech belassen.

Backformen
Für Kleingebäck werden Formen im Kleinformat benötigt. Solche Förmchen gibt es heute in vielen Haushaltwarengeschäften und Supermärkten zu kaufen. Sie sind aus Weißblech, beschichtet oder aus Spezialpapier gepreßt im Durchmesser von 7 bis 10 cm. Werden kleinere Förmchen gebraucht oder mehr als vorhanden, so formt man sich diese aus doppelter, extrastarker Alufolie.

Ausstechförmchen
Ausstechförmchen gibt es aus Metall oder Plastik in den unterschiedlichsten Motiven und Größen. Beim Ausstechen die Förmchen in Mehl tauchen, damit der Teig nicht daran kleben kann.

Spritzbeutel
Er ist zum Verzieren, zum Füllen und zum Formen von bestimmtem Gebäck unentbehrlich. Spritzbeutel gibt es aus kochfestem Stoff und aus Papier als Einweg-Beutel in unterschiedlichen Größen. Dazu gehören Loch- und Sterntüllen verschiedener Größen. Zum Füllen von Kleingebäck und Pralinen gibt es spezielle Spritzbeutel.

Pralinenbesteck
Zu ihm gehören die Pralinengabel und die Pralinenspirale. Auf die Gabel gespießt oder auf der Spirale liegend kann man Pralinen lückenlos mit Kuvertüre oder Glasur überziehen.

Pralinenmanschetten
Sie sind nicht nur zum Herstellen mancher Pralinen nötig, sondern in ihnen werden Pralinen und Konfekt besonders reizvoll präsentiert. Diese Manschetten aus Papier und aus Metall gibt es in größeren Haushaltwarengeschäften in den verschiedensten Farben zu kaufen. Metallmanschetten sind immer zu bevorzugen, wenn die Pralinenmasse feucht, sehr weich oder fetthaltig ist.

Zuckerthermometer
Bei der Herstellung mancher Pralinen ist es wichtig, daß beispielsweise die Zuckerlösung eine ganz bestimmte Temperatur hat. Mit einem Zuckerthermometer kann man diese exakt bestimmen.

Der Inhalt des Buches von A bis Z

Der Inhalt des Buches von A bis Z

Die Autoren

Annette Wolter
Sie gehört zu den führenden Kochbuch-Autoren im deutschen Sprachraum. Seit über 20 Jahren sind Kochen und Haushaltführen ihr Thema, mit dem sie sich schon als Mitarbeiterin großer Frauenzeitschriften beschäftigte. Heute ist Annette Wolter anerkannte Expertin im Bereich Küche und Keller, Autorin zahlreicher Kochbuch-Bestseller und mehrfache Preisträgerin der »Gastronomischen Akademie Deutschlands«. Die Rezepte in ihren Büchern zeigen deutlich die gelungene Verbindung zwischen kulinarischen Raffinessen und modernem, gesundem Essen. Sie ist Herausgeberin der neuen Reihe »Kochen – köstlich wie noch nie«, in der das vorliegende Buch erscheint.

Cornelia Adam
Schon als kleines Mädchen lernte sie, sich im Hotel der Eltern in Weinkeller und Küche helfend zu betätigen: eine Ausbildung zur Hotelfachfrau war die logische Folge. Später konnte sie ihre vielfältigen Erfahrungen berufsbedingter Auslandsaufenthalte in der Versuchsküche, als Food-Stylistin und als Redakteurin einer bekannten Frauenzeitschrift in Wort und Bild umsetzen. Seit zwei Jahren arbeitet sie als freiberufliche Food-Journalistin und Kochbuchautorin. Das vorliegende Buch hat sie durch raffinierte Rezepte bereichert.

Elke Alsen
sammelte als junge Ökotrophologin in den verschiedensten sozialen Einrichtungen praktische Erfahrungen und lernte dabei, junge Menschen gesund und kräftig zu ernähren. In der Versuchsküche eines großen Hamburger Verlages, die sie später leitete, galt es, für alle nur erdenklichen Themen passende Rezepte zu entwickeln, die Gerichte fotogen vor die Kamera zu stellen und schließlich den Text an die Redaktion für Küche und Keller zu liefern. Heute arbeitet Frau Alsen mit viel Elan freiberuflich als Stylistin in Food-Fotostudios oder verrät ihre Lieblingsrezepte für die Bildkoch- und -backbücher des Gräfe und Unzer Verlages.

Dagmar Freifrau von Cramm
studierte Ökotrophologie und setzte nach erfolgreichem Abschluß des Studiums die Theorie der Ernährung in die Praxis des Kochens um. Sie war als Redakteurin bei einer großen Münchner Kochzeitschrift tätig. Seit 1984 arbeitet sie als freie Fachjournalistin und veröffentlichte im Gräfe und Unzer Verlag erfolgreiche Bücher über moderne Ernährung.

Marey Kurz
Seit über 20 Jahren kocht und bäckt sie für Mann und Kinder und ist bemüht, die täglichen Mahlzeiten schmackhaft zu gestalten. Eigene gesundheitliche Probleme veranlaßten Frau Kurz, sich mehr und mehr mit der Vollwertkost zu beschäftigen. Die konsequente Umstellung brachte nicht nur ihre völlige Genesung mit sich, sondern auch die begeisterte Anerkennung der gesamten Familie für die neue Ernährungsweise. So schrieb Frau Kurz ihr erstes Kochbuch »Vollwertküche« – schnell und leicht« und, vom Erfolg ermutigt, bald darauf »Soja in der Vollwertküche« sowie »Vollwertkost, die Kindern schmeckt«.

Hannelore Mähl-Strenge
lebt mit ihrer Familie in Hamburg. Als examierte Ökotrophologin leitete sie 2 Jahre die Kantine eines großen Hamburger Verlagshauses, ehe ihr umfangreiches Wissen und ihre praktischen Erfahrungen bei der Rezeptentwicklung und Realisierung von neuen Ideen verschiedenen Versuchsküchen namhafter Zeitschriften zugute kamen. Viele Jahre ist sie nun schon als Food-Stylistin selbständig tätig für Redaktionen, Agenturen, Food-Fotografen und Werbefilmgesellschaften.

Annedore Meineke
war ursprünglich Hauswirtschaftslehrerin, vertauschte den Schulsaal aber bald mit der Versuchsküche einer bekannten deutschen Illustrierten und erfand für ihre Leser Rezepte für jedwede Gelegenheit, Festmenüs, Diätprogramme, Schlankheitskost. Inzwischen verwöhnt Frau Meineke vor allem ihre Familie mit ihrem kulinarischen Können. Daneben findet sie immer wieder etwas Zeit, aus ihrem Rezept-Repertoire das Passende für einige Zeitschriften oder – wie in diesem Fall – für Gräfe und Unzer zusammenzustellen.

Bernd Schiansky
Der in der Versicherungsbranche tätige Diplomingenieur ist Hobbykoch und -bäcker aus Leidenschaft. Sehr zum Vergnügen seiner beiden kleinen Söhne entwickelt er in seiner Freizeit mit viel Kreativität Rezepte für Brot, herzhaftes Gebäck, Kuchen, Torten und Süßspeisen.

Brigitta Stuber
Ihre selbsterworbenen Koch- und Backkünste fanden im Freundeskreis so viel Anerkennung, daß man sie um die Rezepte bat. Unabhängig davon absolvierte sie ein regelrechtes Redaktions-Volontariat und arbeitete jahrelang für Fachverlage. Schon bald fühlte sie sich zu journalistischem Arbeiten im Bereich Essen und Trinken motiviert. Seit 8 Jahren ist Brigitta Stuber Lektorin des Gräfe und Unzer Verlages.

Susi und Pete A. Eising
sind Schweizer, jedoch schon seit vielen Jahren Wahl-Münchner. Sie sind hervorragende Foodfotografen, Bildgestalter, Koch-Künstler und Kenner alles Guten auf kulinarischem Gebiet. In ihrem Studio für Lebensmittel-Fotografie produzieren sie zusammen mit ihrem Team seit vielen Jahren anspruchsvolle Foodaufnahmen für Bücher, Werbung, Filme und Zeitschriften.

Das Farbfoto auf der Einband-Vorderseite zeigt auf dem Teller hinten Madeleines (Rezept Seite 49) und Butterplätzchen mit rosa Glasur (Rezept Seite 70), vorne von links nach rechts Honigmandeln (Rezept Seite 24), Feine Schokoladenstangen (Rezept Seite 22), Schwarzweißgebäck (Rezept Seite 70) und Kirschkugeln (Rezept Seite 129). Rechts neben dem Teller Himbeerpralinen (Rezept Seite 119) und eine Variante der Erdbeerpralinen (Rezept Seite 122). Im Hintergrund Zürcher Würfel (Rezept Seite 36).

Impressum

Redaktion: Cornelia Schinharl
Versuchsküche: Friedlind Gosebruch, Marianne Obermayr, Marianne Stadler
Herstellung: Manfred Lüer
Farbfotos: Susi und Pete A. Eising, Eva-Maria Loider-Jungmayr (Seite 7)
Koch im Studio: Michael Kuper
Food-Styling: Susi Eising
Mitarbeiterin im Studio: Martina Görlach
Umschlaggestaltung: Heinz Kraxenberger

ISBN 3-7742-3948-7

Printed in Italy